Vertel mij wat

AF820890

Inhoud

© 2004 Bohn Stafleu Van Loghum, Houten

Alle rechten voorbehouden. Niets uit deze uitgave mag worden verveelvoudigd, opgeslagen in een geautomatiseerd gegevensbestand, of openbaar gemaakt, in enige vorm of op enige wijze, hetzij elektronisch, mechanisch, door fotokopieën, opnamen, of enig andere manier, zonder voorafgaande schriftelijke toestemming van de uitgever.

Voor zover het maken van kopieën uit deze uitgave is toegestaan op grond van artikel 16b Auteurswet 1912 j° het Besluit van 20 juni 1974, Stb. 351, zoals gewijzigd bij Besluit van 23 augustus 1985, Stb. 471 en artikel 17 Auteurswet 1912, dient men de daarvoor wettelijk verschuldigde vergoedingen te voldoen aan de Stichting Reprorecht (Postbus 3060, 2130 KB Hoofddorp). Voor het overnemen van (een) gedeelte(n) uit deze uitgave in bloemlezingen, readers en andere compilatiewerken (artikel 16 Auteurswet 1912) dient men zich tot de uitgever te wenden.

ISBN 90 313 4330 7
NUR 777/848

Ontwerp omslag: Boekhorst Design BV, Culemborg

Bohn Stafleu Van Loghum
Het Spoor 2
Postbus 246
3990 GA Houten
www.bsl.nl

Distributeur in België:
Standaard Uitgeverij
Belgiëlei 147a
2018 Antwerpen
www.standaarduitgeverij.be

Vertel mij wat

Kinderen helpen met verhalen

Reinalda Kerseboom

Bohn Stafleu Van Loghum
Houten, 2004

'Remember only this one thing' said Badger. 'These stories people tell have a way of taking care of them. If stories come to you, care for them. And learn to give them away where they are needed. Sometimes a person needs a story more than food to stay alive. That is why we put these stories in each others memory. This is how people care for themselves.'

Barry Lopez, *Crow and Weasel*, 1990

Voorwoord

Therapie geven is mooi werk. Dat blijkt maar weer eens uit dit boek. Nee, wacht even, laat ik precies formuleren wat ik bedoel. Therapie geven is mooi werk als je het mooi maakt. Dat kun je natuurlijk alleen maar doen als je een sterke betrokkenheid ervaart bij de mensen met wie je werkt en als je tegelijkertijd met gepaste afstand naar hen en naar je vak kunt kijken. Verhalen kunnen hierbij helpen.

Vertel mij wat laat de liefde zien van een therapeut voor kinderen met hun (nog) niet vertelde of deels vertelde persoonlijke verhalen. *Vertel mij wat* geeft op diverse niveaus aan hoe verhalen een rol kunnen spelen in de therapie van jonge kinderen. Wie het boek leest herkent het intrapersoonlijke niveau: het verhaal dat het kind ten opzichte van zichzelf uit te werken heeft. Ook is er het in-therapie-niveau: het verhaal dat het kind ten opzichte van de therapeut uit te werken heeft. Er is aandacht voor het verhaal-ten-opzichte-van-de-omgeving-niveau: een kind staat immers nooit alleen, maar meer nog dan volwassenen in relatie tot de omgeving (school, ouders, broertjes, zusjes en vriendjes). En uiteraard is er het niveau van de tijdslijn: heden, verleden en toekomst. In dit boek laat de auteur zien hoe met al deze niveaus bij de keuze van de verhalen rekening gehouden kan worden.

Zo wordt de lezer meegenomen in de behandeling van David. Het lijkt bijna alsof je David zelf leert kennen als je het verhaal van de therapie van David volgt. Aan de hand van de verschillende fasen in de behandeling van David wordt getoond hoe er van bestaande verhalen of van speciaal gecreëerde verhalen gebruik gemaakt wordt, welke verhalen men kan kiezen en waartoe een verhaal ingezet kan worden. Daarmee wordt het boek als het ware een verhaal in een verhaal. Op praktische wijze worden we mee teruggevoerd naar de functie van bijvoorbeeld Roodkapje of Sneeuwwitje of worden we vooruit geleid zoals bij Leopold en Leonard. Anders gezegd, elk verhaal is een verhaal op zichzelf en heeft daarbij een specifieke functie of betekenis.

Vertel mij wat verschijnt op een goed moment, omdat er in onze huidige maatschappij veel van kinderen wordt gevraagd. Kinderen moeten grote aanpassingen maken en moeten ook uit de historie gezamenlijk weer een nieuw verhaal weten te schrijven. We hebben geen 'griots' (Afrikaanse vertellers) meer die in het dorp arriveren om kond te doen van de geschiedenis van het volk en naar wie we uren kunnen luisteren. Computers, films, en televisie flitsen aan kinderen voorbij en hebben hun eigen inbreng en waarde in het leven van kinderen. Verhalen hebben een vertragende functie. Je moet er de tijd voor nemen en je moet ze uitlezen, van het begin tot het eind. Er moeten dus plekken gecreëerd worden waar verhalen verteld kunnen worden en de therapiekamer is daar bij uitstek geschikt voor.

Hoewel de auteur van oorsprong speltherapeut is, zou ik de inhoud van dit boek niet willen voorbehouden aan speltherapeuten.

Verhalen kunnen in elke kindertherapie een belangrijke functie vervullen, onafhankelijk van de oorspronkelijke opleiding van een therapeut. Bij elk verhaal in dit boek kunnen in principe zowel de gedragstherapeut als de analyticus aangeven hoe dat verhaal in hun behandelingen van pas komt. Als cognitief-gedragstherapeut begrijp ik hoe een metafoor de gevoelens van kinderen kan helpen benoemen of activeren. Ik zie hoe een metafoor kan helpen bij het uitdagen en herdefiniëren van misinterpretaties die het kind heeft over zichzelf of over zijn omgeving. En ik ervaar hoe een verhaal een probleemoplossing biedt waarmee de weg geplaveid wordt voor gedragsverandering. Verhalen sluiten zelfs aan bij het protocollair werken dat in de geestelijke gezondheidszorg de laatste jaren een steeds belangrijkere plaats is gaan innemen. Immers, uit een serie bestaande verhalen kan een verhalenprotocol ontstaan dat de therapeut met unieke ingrediënten kan larderen om er geschikt materiaal van te maken voor het werken met een thema in een groep of voor een individuele behandeling. Wie houdt van protocollair werken vindt in dit boek ruimschoots aanleiding om over deze suggestie na te denken. De belangrijkste verdienste van dit boek schuilt voor mijn gevoel echter in de aanmoediging om van iedere therapie een helend verhaal te maken. Om voor een kind uit wiens levensboek bladzijden ontbreken, een hoofdstuk verscheurd is, of repen tekst onleesbaar zijn geworden, om voor dat kind een inspanning te leveren die ontspannend werkt voor kind én therapeut: een eigen verhaal schrijven.

Gidia Jacobs
Instituut voor RET
Voorschoten, februari 2004

'De enige manier om de wereld te begrijpen', zei Magnus ooit, 'is door een verhaal te vertellen. De wetenschap', zei Magnus, 'brengt alleen kennis van de werking van de dingen, verhalen brengen begrip'.

Marcel Möring, *In Babylon,* 1997

1 Inleiding

Gebruik maken van verhalen is in feite heel gewoon. Mensen vertellen elkaar al sinds het begin der tijden verhalen. Allerlei ervaringen in ons dagelijks leven worden 'real-life-stories' die we met elkaar delen, bijvoorbeeld tijdens het avondmaal. We ervaren dit doorgaans niet zo bewust als verhalen vertellen. En we zetten onze verhalen ook niet altijd doelgericht in. Luisteren naar verhalen hoort in de beleving van veel mensen bij kinderen. Voorlezen wordt vaak gezien als een opvoedkundige activiteit die bij goed ouderschap hoort vóórdat het kind zelf kan lezen. Daarna houden veel opvoeders op met voorlezen en verhalen vertellen.

Toch weten we allemaal hoe verhalen kunnen helpen om nieuwe dingen te leren. We weten ook hoe bevrijdend het kan zijn om ergens een luisterend oor te vinden als iets je dwarszit, omdat het helpt zaken letterlijk van je af te praten en je verhaal te doen. Het vertellen van een verhaal dwingt de verteller om zijn gedachten en gevoelens en de feiten te ordenen.

We weten ook dat luisteren naar een verhaal kan helpen als je het moeilijk hebt. Een goede boekverkoper zal daarom bijvoorbeeld een boek als 'Naar het ziekenhuis' (Civardi 1988) adviseren voor een kind dat zijn amandelen moet laten knippen. En zoiets als 'Derk de Das blijft altijd bij ons' (Varley 1984) aanraden als je vertelt dat het kind net een dierbare verloren heeft.

Er is niemand die dergelijke adviezen wetenschappelijk bewezen wil zien alvorens tot aankoop over te gaan. Bij een dergelijke aanschaf spelen eerder argumenten van emotionele en eventueel van financiële aard. Men vraagt zich af of het kind plezier zal hebben aan dit boek, of het kind zich kan vinden in dit verhaal en of het bij zijn leeftijd past.

Een speltherapeut gebruikt meestal spel als middel om te communiceren en als methode om gedrag en overtuigingen van kinderen te helpen veranderen. Gedurende de jaren dat ik als speltherapeut werk heb ik niet alleen veel met kinderen gespeeld, maar ik heb ook heel veel verhalen verteld. In het begin waren dat bestaande verhalen, die ik vertelde aan kinderen die door omstandigheden tijdelijk fysiek niet in staat waren te spelen.
In de loop der tijd ben ik voor kinderen die te geblokkeerd waren om te spelen, verhalen op maat gaan schrijven. Bij die verhalen zocht ik passende illustraties en vervolgens maakte ik er een boekje van. Dat boekje gaf ik het kind en de ouders mee. De reacties op die verhalen en boekjes waren opmerkelijk en moedigden mij aan verhalen als therapeutisch middel te gaan gebruiken.

Ouders die met hun kind dusdanig in problemen komen dat hulpverlening nodig is, verkeren in een moeilijke positie. Ouders die voor hun kind om hulp vragen verdienen respect voor de manier waarop zij zich kwetsbaar opstellen en door het avontuur dat zij aangaan om met een therapeut naar zichzelf en hun eigen houding te willen kijken.
De geschiedenis van een kind is eveneens het verhaal dat het deelt met zijn ouders. Soms is de verleiding groot een beschuldigende vinger naar die ouders op te steken, maar uiteindelijk zijn zij noch het kind daarbij gebaat. Kinderen willen altijd loyaal blijven tegenover hun ouders. Ik ga ervan uit dat ouders uit liefde voor hun kinderen handelen en altijd met de beste bedoelingen, hoe onbegrijpelijk hun gedrag voor mij als buitenstaander soms ook lijkt. Wat de ouders zelf in hun leven te verdragen en te verwerken krijgen kan, door hun eigen geschiedenis of soms juist door hun ouderschap van dít kind, net zo gecompliceerd, indrukwekkend of traumatisch zijn.

Een verhaal vertellen en daardoor een probleem oplossen lijkt een wonderlijk fenomeen. Publicaties, bijvoorbeeld van Erickson (1982) en Wallas (1985), over de effecten van het gebruik van verhalen bij de behandeling van mensen en kinderen met psychosociale of psychosomatische problemen zijn zowel opzienbarend als fantastisch. Het proces dat zich door het vertellen van een

verhaal in iemands innerlijk af gaat spelen lijkt voor veel mensen ongrijpbaar en daardoor magisch.
In het kielzog van het succes van het vertellen van helende verhalen stromen ook kritiek en weerstand mee. Een veel gehoord commentaar is dat het theoretische kader ontbreekt en dat het effect van metaforen niet aantoonbaar is. Ik wil met dit boek proberen die kritiek naar het rijk der fabelen te verwijzen.

Dit boek gaat over het vertellen van verhalen met een helende werking. Het boek bestaat naast deze inleiding uit drie los van elkaar te lezen delen.
Deel I gaat nader in op de achtergronden en beoogt inzicht te geven in de werking, de functies en het gebruik van helende verhalen.
Deel II laat het doelgerichte gebruik van verhalen in een therapeutische setting zien. De rode draad vormt hier een casusbeschrijving uit de praktijk. De voortgang van deze therapie wordt besproken in vier fasen. Door die procesbeschrijving heen zijn verschillende, voor andere kinderen op maat gemaakte, verhalen geweven.
En in deel III vinden hulpverleners of (beroeps)opvoeders die verhalen als therapeutisch middel willen gaan inzetten of die zelf verhalen op maat willen gaan maken tips, suggesties en vingeroefeningen.

Deel I

The essence of metaphor is understanding and experiencing one kind of thing in terms of another.

George Lakoff en Mark Johnson, *Metaphors we live by,* 1980

2 Theoretische achtergronden

Het gebruik van verhalen in de therapeutische traditie

Het is algemeen aanvaard dat kinderen al spelend hun ervaringen ordenen en verwerken en veel van hun problemen en moeilijkheden oplossen. Een emotioneel gezond kind bevrijdt zich spelenderwijs van hindernissen die het op zijn levensweg ontmoet.
Wanneer het voor een kind écht over iets belangrijks gaat is dat in zijn spel terug te zien: de betrokkenheid bij het spel is groot, het kind zit helemaal in zijn rol en het spel is een verhaal. Hoe meer een kind bezig is met een bepaald onderwerp, des te meer gaat zijn spel lijken op een vervolgverhaal over dit onderwerp.

Het uitgangspunt dat spel een helende functie heeft ligt aan de basis van verschillende vormen van kindertherapie. Spel wordt in verschillende therapievormen als middel gebruikt. Dit geldt voor bijvoorbeeld psychoanalytische kindertherapie, dramatherapie, hermeneutische therapie, cliëntgecentreerde speltherapie en beeldcommunicatie.
Kinderen spelen zoals grote mensen praten. Spelen met kinderen is luisteren naar hun verhalen.
Simpel gezegd helpt een speltherapeut kinderen die met hun gevoelens in de knoop zitten door te kijken en te luisteren naar het verhaal over het probleem dat het betreffende kind in zijn spel laat zien. De therapeut gaat meespelen in dat verhaal of kiest ervoor therapeutisch tegenspel te bieden. Al spelend doet het kind zijn verhaal en ervaart het dat dit verhaal gehoord wordt. Al spelend leert het kind anders tegen 'zijn' werkelijkheid aan te kijken en te oefenen met

nieuw gedrag. De grens tussen fantasiespel en een verhaal is smal en wordt mijns inziens vooral bepaald door het niveau van motorische activiteit.

Soms hebben kinderen niet of niet goed leren spelen. Sommige kinderen houden niet van fantasiespel. Voor dergelijke kinderen is het lastiger om vervelende ervaringen te ordenen en verwerken. Andere kinderen maken zulke gecompliceerde, indrukwekkende of traumatische dingen mee in hun leven dat het bijna onmogelijk, pijnlijk, kwetsend of zeer beschamend is daarover aan anderen je verhaal te doen. Wanneer een kind zich niet goed kan uiten, of als het daarbij onvoldoende steun vanuit de omgeving ervaart, komen opvoeders en het kind gemakkelijk in een vicieuze cirkel terecht van wederzijdse afwijzing. Dan kunnen gedragsproblemen ontstaan. Een verhaal kan in zulke situaties op zijn minst voor een opening zorgen en zelfs een oplossing bieden.

Verhalen worden in verschillende therapeutische stromingen en verschillende vormen van (kinder)therapie op verschillende manieren gebruikt.
In hypnotherapie worden verhalen enerzijds gebruikt om trance te induceren en anderzijds om de cliënt tijdens deze trance suggesties te geven. Een andere techniek uit de hypnotherapie is het 'doordromen'. De therapeut nodigt de cliënt uit aan het eind van zijn droom (nachtmerrie) verder te fantaseren naar een betere afloop met de vragen: 'en toen?', 'en daarna?' (Knijnenburg 1997).
De 'mutual storytelling technique' van Gardner verschilt in feite niet veel van de gewone spelpraktijk; de therapeut nodigt een kind uit een verhaal te vertellen. De therapeut analyseert dit verhaal en vervolgens reageert hij tegenover het kind met een tegenverhaal, waarin een andere kijk op het probleem of een gezondere oplossing is verwerkt. Deze methode is ook toepasbaar in het poppenkastspel. Tekeningen, klei- en knutselwerk lenen zich eveneens uitstekend voor het maken van verhalen en tegenverhalen (Hellendoorn 1981).
Narratieve therapie is het werken met de verhalen die mensen over zichzelf vertellen. Het leven van een mens wordt in deze visie gezien als een verzameling van vele verhalen. Het narratieve denken gaat ervan uit dat je in dialoog een samenhangend verhaal over jezelf ontwikkelt en een wereld om je heen schept die past in dit verhaal. Dit verhaal is een unieke beschrijving van jouw

kenmerken, eigenschappen, kwaliteiten en ervaringen. Je bent zoals je vertelt dat je bent, je wordt zoals je over jezelf vertelt, je bent je eigen verhaal. Met het verhaal creëert de verteller ook een sociale identiteit.

Sommige (dominante) verhalen worden gehoord. Andere verhalen worden niet gehoord, krijgen geen aandacht, of worden vergeten (Buijs 1999). Het hebben en het kunnen laten horen van dit verhaal is van essentieel belang voor het welzijn van een persoon. Het delen van je verhaal geeft een gevoel van continuïteit. Iemand die zijn verhaal niet kan doen raakt geïsoleerd en gefragmenteerd. Een narratief therapeut helpt de cliënt bij het creëren van een nieuw verhaal of het herscheppen van een oud verhaal over zijn leven (Olthof & Vermetten 1994).

Een andere methode, toepasbaar met gezinssystemen, is het werken met reële familieverhalen van Roberts. Hierbij helpt de therapeut door middel van verschillende vragen alle gezinsleden om familieverhalen te vertellen (Knijnenburg 1997).

Wachtel (1994) adviseert opvoeders een kind met problemen 'real-life-stories' te vertellen uit hun eigen jeugd met het probleem van het kind als thema. Enerzijds geeft de opvoeder hierdoor erkenning aan de gevoelens (bijvoorbeeld jaloezie) van het kind en maakt deze tot iets wat kind en opvoeder kunnen delen. Daardoor krijgt het kind een minder slecht beeld van zichzelf, de opvoeder heeft hier immers ooit ook last van gehad. Anderzijds leert het kind door het voorbeeld van de opvoeder hoe het dit probleem te boven kan komen. Het verhaal wordt tevens gebruikt voor 'modeling'.

Milton Erickson wordt onder anderen volgens Zeig (1983) algemeen erkend als de belangrijkste autoriteit op het gebied van hypnotherapie en korte strategische therapie. Erickson geloofde sterk in het onbewuste leren. Zijn methode van werken werd gekarakteriseerd door een indirecte benadering. Hij was een legendarische verteller die leefde en werkte met het vertellen van verhalen. Naast de inhoud van het verhaal gebruikte Erickson zijn anekdotes om tegelijkertijd op andere of verschillende niveaus therapeutisch te communiceren.

Recent is het werk van Liekens (2003), Van der Meer (2002) en Spangenberg (1996; 1999). Deze therapeuten vertellen kinderen op maat gemaakte verhalen met als doel het opheffen van lichamelijke problemen of probleemgedrag. De centrale gedachte is, dat zij met een verhaal à la Erickson het onbewuste van een kind aanspreken en doen openstaan voor nieuwe, beter passende gedachten over de klacht of voor adequatere oplossingen.

Hoe werkt metaforische communicatie?

Een metafoor is, volgens Van Dale, een overdrachtelijke, figuurlijke uitdrukking die berust op een vergelijking. Een verhaal is een versie van de werkelijkheid. De verteller rijgt op zijn eigen unieke wijze gebeurtenissen aaneen tot een verhaal.
Je kunt, zoals Lakoff en Johnson (1980) doen, het menselijk denken opvatten als een proces dat voornamelijk bepaald of aangestuurd wordt door zintuiglijke ervaringen. Om onze ervaringen te begrijpen en te verwoorden hebben we volgens hen metaforen nodig.
Er worden verbale, non-verbale, materiële en imaginaire metaforen onderscheiden (Lawley & Tompkins 2000). De zin: 'Dit kind is een bron van zorgen' is een verbale ofwel talige metafoor. Ook opmerkingen als 'dat verhaal geeft stof tot nadenken', of 'problemen zijn er om opgelost te worden' zijn metaforisch van aard.
Verbale metaforen worden in de visie van Lakoff en Johnson (1980) gezien als manifestaties van onderliggende conceptuele metaforen; van cognitieve of denkstructuren.
De metaforen waarmee en vanwaaruit wij ons leven organiseren zijn verankerd in ons systeem, in onze cognities. Onze waarnemingen worden bepaald door de metaforen die 'waar' voor ons zijn.

Het kan om uiteenlopende redenen pijnlijk zijn om een problematische ervaring onder ogen te zien. Speltherapeuten geven aan dat fantasiespel door het doen-alsof veiligheid biedt. Het spel schept verhulling van het probleem. Verhulling maakt afstand nemen mogelijk en daardoor kunnen moeilijk ervaren zaken bekeken, besproken en verwerkt worden. Dit geldt op vergelijkbare manier bij het vertellen en aanhoren van verhalen.
Iemand die in een probleem is vastgelopen, heeft vaak lang en tevergeefs naar oplossingen gezocht. Enerzijds komt dit doordat het zoekproces naar oplossingen gestart wordt vanuit een mentale representatie van het probleem en onze herse-

nen de neiging hebben om te gaan zoeken naar analoge ervaringen. Anderzijds wordt de zoekende persoon gehinderd door een zekere mate van zelfcensuur. Deze zelfcensuur maakt dat mogelijke oplossingen snel verworpen worden, soms zelfs vóór ze volledig tot het bewustzijn zijn doorgedrongen. Door een metafoor in te zetten verlaat je de mentale representatie van het probleem. Je schakelt over van het probleem naar het metafoordomein in de vorm van een beeld of een verhaal. Dit biedt het brein meer zoekruimte en het verlaagt de zelfcensuur. Het gevolg is een groter mentaal 'zoekbereik' (Derks & Hollander 1996).
Suzi Smith, een van mijn Amerikaanse NLP-trainers, gebruikt een mooie metafoor die dit verduidelijkt: 'Stel je voor dat je hersenen een bergweide zijn. Je gedachten zijn een kudde schapen. Elke dag lopen de schapen min of meer dezelfde route. De herder en zijn hond drijven elk schaap dat uit de kudde breekt resoluut terug. Na verloop van tijd wordt een pad zichtbaar. Dat pad slijt uit, elke dag een beetje dieper. Zo vormt zich een vast diep spoor waar je steeds minder gemakkelijk uit of overheen kunt stappen'. Een verhaal laat je, zonder of met een minder ervaren herdershond, op een ander, nog onbetreden stuk van die bergweide jouw weg beginnen.

Voor een deel zijn metaforen cultuurbepaald en die culturele gemeenschappelijkheid maakt het mogelijk dat we op dit niveau met elkaar kunnen communiceren en elkaar kunnen begrijpen. Kenmerkend voor een metafoor is verder dat deze slechts bepaalde aspecten van een ervaring belicht terwijl het andere aspecten van die ervaring onderbelicht laat of uitschakelt.
Bedenk maar eens wat voor een verschil het maakt of je naar een kind kijkt terwijl je gelooft dat de metafoor 'kinderen zijn een geschenk' waar is, of dat je juist gelooft dat de metafoor 'kinderen zijn hinderen' klopt.
Dit gegeven maakt dat je, door de soort metafoor die je kiest of als waar beschouwt, letterlijk nieuwe speelruimten kunt vinden. Met het kiezen van een ander beeld kun je aandacht schenken aan de tot dan toe onderbelichte aspecten van een ervaring en een ander perspectief vinden (Lakoff & Johnson 1980).

Verhalen worden in de hypnotherapie gebruikt terwijl de cliënt in trance is om suggesties te geven. Verhalen worden ook gebruikt om trance te induceren. Er zijn therapeuten die zeggen dat luisteren naar een verhaal vanzelf een soort trancetoestand oproept. Zeker voor kinderen zou dit gelden. Tijdens het luisteren naar en opgaan in een metafoor lijkt overgeschakeld te worden naar een ander soort bewustzijn of denken. Dit komt overeen met de meer flexibele staat van denken waarin we verkeren tijdens trance of dromen en waarin blokkades ons minder in de weg staan (Lawley & Tompkins 2000).

De afstand die het verhaal schept, het grotere zoekbereik, de flexibelere staat van denken en een nieuw of ander perspectief, maken dat er anders naar een probleem wordt gekeken. Daardoor wordt het mogelijk andere conclusies te trekken. Dat maakt dat er hulpbronnen en effectievere oplossingen gevonden kunnen worden.

Een metafoor kan datgene veranderen wat iemand tot dan toe altijd over zichzelf of over de wereld om hem heen heeft geloofd. Dit kan betrekking hebben op overtuigingen die op allerlei niveaus aanwezig zijn.

Omdat een verhaal overtuigingen of cognities kan veranderen, is het een middel dat goed zou kunnen passen in gedragstherapie, waar op dit moment cognitieve herstructurering als hét therapeutisch werkzame wordt gezien.

Doelen, functies en indicaties

Het gebruik van metaforen is wijd verbreid en er is, afhankelijk van het doel dat de verteller of therapeut wil bereiken, een grote diversiteit aan toepassingen.

Derks en Hollander (1996) onderscheiden vijftien verschillende functies van metaforische communicatie.

1 Startmetaforen
De aandacht van een gehoor trekken; mensen luisteren graag naar een goed verhaal.

2 Ondersteunende metaforen
Ter verduidelijking, versiering, illustratie; waar andere communicatievormen tekort schieten.

3 Evocatieve metaforen

Een individu of groep in een bepaalde toestand brengen; sfeer maken via een verhaal.

4 Trance-inducerende metaforen

Hypnotische trance induceren; een verhaal activeert het innerlijke zoeken bij de luisteraar, wat vaak voor een trancetoestand zorgt.

5 Metaforen die een creatieve toestand induceren

Creatief modelgedrag gebruiken; de verteller stimuleert de luisteraar mee te fantaseren.

6 Mnemonische metaforen (geheugenleer)

Een metafoor hanteren als geheugensteun; de opgeroepen beelden worden samen met wat verteld wordt onthouden.

7 Diplomatieke metaforen

Via metaforen taboe-onderwerpen bespreekbaar maken.

8 Defensieve metaforen

Elegant negatieve feedback geven; verweer tegen een verbale aanval.

9 Kadermetaforen

Abstracte en moeilijk definieerbare onderwerpen bespreekbaar maken.

10 'Operating metaphors'

Via een metafoor richting geven aan complexe gedragingen van enkelingen en groepen; de metafoor als cultuurdrager.

11 Autoriteitsmetaforen

Hiërarchische verhoudingen uitdrukken; gezagsdragers vertellen metaforen, ondergeschikten luisteren.

12 Oversprong-metaforen

In een metafoor een in letterlijke taal vastgelopen redenering voortzetten; de verteller springt over naar een ander onderwerpdomein.

13 Autosuggestieve metaforen

De eigen gedachten, bewustzijnstoestanden en lichamelijke processen organiseren.

14 Hulpbron-metaforen

Hulpbronnen activeren; de metafoor vergroot het zoekbereik doordat er vanuit meerdere cognitieve representaties gezocht kan worden.

15 Probleemoplossende metaforen
Mentale hindernissen (belemmeringen, blokkades) opruimen; de metafoor als mentaal voertuig voor probleemoplossing.

Het vertellen van metaforische verhalen is geschikt voor kinderen:

in vastgelopen opvoedingssituaties.

Een verhaal kan de lading van het probleem afhalen. Het schept afstand, waardoor beide partijen beter open kunnen staan voor elkaars standpunt en voor verandering. Het biedt de mogelijkheid om op een elegante, niet moraliserende manier kritiek en feedback te geven. Of om gedragsalternatieven te suggereren. Hiervoor lenen zich vooral defensieve metaforen, hulpbron-metaforen en probleemoplossende metaforen.

die niet kunnen, willen of durven spelen.

Een verhaal kan een sfeer scheppen waarin het kind uitgenodigd wordt mee te fantaseren, te ontspannen en ook zelf te gaan vertellen. Geschikt zijn daarvoor evocatieve metaforen, metaforen die een creatieve toestand induceren en ondersteunende metaforen.

met een ziekte of ernstig lichamelijke beperkingen.

Een verhaal kan een kind dat fysiek niet in staat is tot verbeeldend spel meenemen naar de wereld van net-alsof. Vooral evocatieve en hulpbron-metaforen zijn hiervoor aangewezen.

met psychosomatische of functionele klachten.

Een verhaal kan 'ontschuldigen' en helpen andere, beter passende oplossingen te vinden. Een verhaal kan helpen het lichaam iets anders te laten geloven dan het tot nu toe deed door middel van het aanreiken van mogelijke oplossingen en (auto)suggesties. Hierbij kunnen hulpbron-metaforen, probleemoplossende metaforen en autosuggestieve metaforen worden ingezet. Het werk van Liekens (2003) en Van der Meer (2002) geeft hier duidelijke voorbeelden van.

die getraumatiseerd zijn.

Een verhaal biedt afstand en veiligheid en maakt ordening en verwerking mogelijk. Geheimen en taboes kunnen worden besproken. Het schept de mogelijkheid hulpbronnen te vinden. Ondersteunende metaforen, hulpbron-metaforen en diplomatieke metaforen kunnen in deze situaties goed worden gebruikt.

in crisissituaties.
Een verhaal kan extra steun en troost bieden. Iets waar je op terug kunt vallen, iets wat je kan helpen het vol te houden. Hulpbron-metaforen, evocatieve metaforen en diplomatieke metaforen zijn hier het best toepasbaar.

De indicaties voor het inzetten van een verhaal lijken haast onbeperkt. Een verteller kan met één verhaal verschillende metaforen inzetten en doelen nastreven. Diverse functies van een metafoor kunnen binnen één verhaal worden gecombineerd. Dit is duidelijk terug te zien in de verhalen die in deel II van dit boek zijn opgenomen. Bovendien zet het bedenken van een metafoor of de zoektocht naar geschikte beelden voor het verhaal de therapeut zelf ook op een nieuw en verfrissend spoor. Daardoor kunnen er, soms onbewust, meerdere boodschappen een verhaal binnen sluipen.

Er lijken weinig tot geen contra-indicaties te zijn voor het gebruik van verhalen als therapeutisch middel bij kinderen. Een mogelijke uitzondering hierop wordt gevormd door kinderen met zeer beperkte verstandelijke mogelijkheden of een ernstig verstoorde waarneming van fantasie en werkelijkheid. Zij kunnen moeite hebben om vanuit de metafoor, al dan niet bewust, de stap terug naar de realiteit te zetten.
Tegelijkertijd moet worden opgemerkt dat veel kinderen niet altijd meteen en rechtstreeks de boodschap van een metafoor oppakken. Dat blijkt over het algemeen geen enkel bezwaar te zijn (Mol 1995). Het proces van vertaling van het probleem in de realiteit naar het beeld in de metafoor en weer omgekeerd kan voor het kind geheel onbewust blijven en toch zijn uitwerking hebben.
Juist het naar de realiteit halen van het verhaal, door de boodschap van de gebruikte metafoor uit te leggen, heeft in de praktijk dikwijls een averechts effect.

Een goed verhaal heeft onbeperkte mogelijkheden. Het gaat immers haast nooit over dat waarover het zegt te gaan. Uiteindelijk bepaalt de luisteraar zelf wat het voor hem of haar betekent en wat hij of zij er mee doet.

Jij bent de levende verbinding tussen de grote verhalen van alle tijden en plaatsen en de vertolking van al de verhalen in het dagelijkse leven.

Jean Houston, *Overtref jezelf!*, 1998

3 Praktijkervaringen

Een verband tegen verdriet

De kinderen voor wie ik verhalen maak hebben nogal eens bizarre dingen meegemaakt in hun leven. Hun levensgeschiedenis is vaak te ingewikkeld of te pijnlijk om aan te zien, laat staan om dat verhaal aan anderen te vertellen.
Met een metafoor op maat ben ik op een missie van acceptatie en begrip. Mijn belangrijkste doel met het vertellen van een verhaal is dat het kind weer naar zichzelf en zijn eigen levensverhaal kan gaan kijken. Ik wil het 'ongehoorde' levensverhaal een vorm geven zodat het kind kan ervaren dat het gehoord en begrepen wordt. Ik wil laten weten dat het met alle pijn en verdriet en met alle onhebbelijkheden geaccepteerd wordt.
Als het kind erkenning ervaart voor wat hem is overkomen en voor wat hij daarbij voelt, lukt het vaak beter met het kind in contact te komen. De volgende stap is dat het kind daardoor zelf weer meer bij zijn gevoelens en gedachten stil kan blijven staan.
Ik ga bij het schrijven van een dergelijk verhaal de problemen van het kind niet uit de weg en ik camoufleer de pijn niet maar ik zorg wel voor veiligheid, door het probleem verhuld te brengen, verpakt in een metafoor.
Het verhaal werkt op die manier als een pleister die de pijn zichtbaar maakt en erkent. Ervaring leert dat een behandeling zonder die erkenning gemakkelijk op een mislukking kan uitlopen.
Het verhaal zet de onderbelichte en positieve facetten van de tot dan toe als louter pijnlijk beleefde ervaringen in de schijnwerpers. Doordat het kind zijn eigen verhaal weer kan horen, maar nu vanuit een ander en positiever perspec-

tief, worden de wonden afgedekt. Dit is een voorwaarde voor genezing, al zal er soms wel een litteken overblijven.

Signalen

Een therapeut die met kinderen werkt sluit over het algemeen zo veel mogelijk aan bij de behoeften van het kind. Tegelijkertijd bepaalt echter de therapeut in grote mate op welke manier er met een kind wordt gewerkt. Dit geldt zowel voor een directief als een non-directief werkende therapeut. Dit proces begint al met de beslissing of het kind alleen komt of vergezeld wordt door zijn gezinssysteem, bijvoorbeeld de vader, de moeder of broertjes en zusjes.

Een andere beslissing van de therapeut heeft te maken met de ruimte waarin het contact plaatsvindt. Een spelkamer roept andere associaties en ander gedrag op dan een spreekkamer of een klaslokaal.

De keuze van de gebruikte middelen wordt voor een deel bepaald door de voorkeuren en kwaliteiten van de therapeut. Zo beslist deze ook of het kind gestimuleerd moet worden bepaald materiaal te gaan gebruiken: Bijvoorbeeld zand of water om tegemoet te komen aan de behoefte voelend bezig te zijn, of rollenspel met verkleedkleren om betere inleving te bereiken.

Of een verhaal als therapeutisch middel ingezet wordt is een beslissing die de hulpverlener op dezelfde gronden kan nemen. Signalen die bij de therapeut tot een dergelijk besluit kunnen leiden zijn:

- vastlopen in het contact met een kind;
- geen ontwikkeling in het eigen (spel)verhaal van het kind;
- zware belasting van het kind, waardoor extra ondersteuning nodig is;
- een kind dat geconfronteerd wordt met veel nieuwe, of ingewikkelde informatie;
- bij geheimen en taboes die verband houden met de gedragsproblemen;
- het spontaan opkomen van een verhaal of beeld in relatie tot het kind.

Voorlezen

Het kind met een probleem voelt zich meestal niet gelukkig bij het onder de

aandacht komen of het bespreken daarvan. Het is bang voor straf of afwijzing. Het is belangrijk tijd te maken voor het vertellen en het is meestal beter niet te benadrukken waarom speciaal dit verhaal of dit boek is gekozen. Daarmee wordt passieve afweer of een actieve verzetreactie van het kind voorkomen. Door er gewoon op te vertrouwen dat de boodschap vanzelf zijn weg vindt gebeurt dat meestal ook.
Kinderen luisteren graag en tamelijk onbevangen naar hun eigen levensgeschiedenis in de vorm van een metaforisch verhaal, zolang de inhoud van dat verhaal niet moraliserend is. Essentieel is dat het kind zijn gevoelens van loyaliteit tegenover beide ouders in stand kan houden. Belangrijk is ook dat het kind de vrijheid voelt de boodschap uit het verhaal naast zich neer te leggen.

Dikwijls is het oproepen van een speciale sfeer wel belangrijk. Maar elk kind is verschillend en elk kind heeft behoefte aan een eigen sfeer. Het ene kind heeft nodig dat je het verhaal aanbiedt in een besloten ruimte met geen enkele andere luisteraar erbij. Voor het andere kind is het juist belangrijk dat anderen aanwezig zijn. Voor het ene kind is het prettig dat de hulpverlener het verhaal voorleest. Het andere kind is juist meer gebaat bij een verhaal dat door een opvoeder verteld wordt. Dan is soms de tijd vlak voor het slapen gaan geschikt. Bij spannende of voor het kind beladen onderwerpen is dat moment juist niet aan te raden.
Soms verandert het lastige gedrag van een kind vrijwel meteen na het voorlezen van een helpend verhaal. Vaak is er meer tijd en ook herhaling nodig en gaat de verandering meestal stapsgewijs. Nieuwe en andere verhalen die beter passen bij de situatie van dat moment kunnen dit proces ondersteunen. Achteraf over het verhaal praten of het beredeneren met het kind kan alsnog afweer oproepen. In deel III van dit boek wordt nader op het voorlezen ingegaan.

Een eigen boek

Voorgelezen worden is voor veel kinderen al iets speciaals. Een voor jou op maat gemaakt verhaal te horen krijgen is helemaal een bijzonderheid.
Veel kinderen zijn blij met hun boekje, ze zijn er trots op of door ontroerd. Ze

gaan hun verhaal dikwijls spontaan met anderen uit hun leefwereld delen en daardoor heeft het verhaal onvermijdelijk 'impact' op de omgeving van het kind. De omgeving wordt er als het ware in meegezogen en het verhaal zal ook daar effect sorteren. Alleen al door het verhaal te delen ontstaan er vanuit het kind zelf of vanuit zijn omgeving soms geheel nieuwe en andere overtuigingen. Opvoeders vatten het verhaal meestal op als een erkenning van hun eigen oprechte zorg en liefde en van hun positieve bedoelingen. Het verhaal helpt hen vaak daar weer mee in contact te komen.

Zij kunnen zich bovendien door het verhaal weer bewust worden van de positieve intenties van het lastig-doende of niet-luisterende kind. Dit ondersteunt de opvoeder om het eigen aandeel in het probleem te bezien en bij te stellen.

Een boek blijft langer beschikbaar voor het bewuste brein dan een vertelling. Een eigen boek stelt het kind in staat het verhaal steeds opnieuw te lezen en terug te vertalen. Zo kan het de oplossingen aanpassen aan zijn leeftijd of aan de situatie van dat moment.

Een metaforisch levensverhaal in de vorm van een boek met illustraties roept associaties op met een sprookje of een prentenboek. Daardoor wordt het probleem soms nog effectiever verhuld dan een verteld verhaal. Om ervoor te zorgen dat het kind dit sprookje, al dan niet bewust, gaat betrekken op zichzelf is het belangrijk dat het zich gemakkelijk met de hoofdfiguur kan identificeren. Het verhaal moet, ondanks de verhulling, het kind óók het gevoel geven dat het over hem gaat. Ook hier wordt in deel III van dit boek verder aandacht aan gegeven.

Voor veel kinderen en ouders is het horen en letterlijk in handen hebben van een eigen verhaal al heel wat. Voor een enkeling is het zelfs genoeg. Vaak is het een startpunt dat de weg vrijmaakt naar weer openstaan voor de ander, naar weer zelf op verhaal kunnen komen of naar verdere behandeling.

Deel II

Het leven gaat door. Het bevat vele hoofdstukken, maar toch is het een boek.
Het gaat om de rode draad die de hoofdstukken met elkaar verbindt.
En die rode draad is liefde.

Santa Montefiore, *Het Vlinderkistje,* 2002

4 Casuïstiek

David is zeven jaar als hij voor het eerst bij mij in de spelkamer komt. Davids levensweg en dan vooral het deel daarvan waarin hij herstelt van traumatische gebeurtenissen is geplaveid met verhalen.
De beschrijving in vier fasen van het therapieproces met hem laat zien hoe verhalen een steunende rol hebben gespeeld in de verandering van afgesloten en niet benaderbaar zijn naar openheid en leergierigheid.
Door de beschrijving van het therapieproces van David heen zijn op maat gemaakte verhalen geweven die ooit voor andere kinderen werden geschreven. Geen van die verhalen is aan David verteld, maar de boodschap ervan zou soms wel passend voor hem geweest kunnen zijn. Andere verhalen zijn hier niet vanwege hun boodschap opgenomen, maar juist omdat ze voor mij op een of andere manier aan de levensgeschiedenis van David haken of er associaties mee oproepen.

Het levensverhaal van David

David heeft reusachtige problemen. Zijn moeder is twee jaar geleden, met hem en zijn zusje, naar een 'Blijf van mijn lijf'-huis gegaan. Daarna hebben ze op een aantal onderduikadressen gewoond. David heeft in die periode een tijdje geen onderwijs genoten en vervolgens verschillende scholen bezocht.
De ouders zijn gescheiden en de kinderen zijn aan de moeder toegewezen. De moeder is door een recent opgetreden handicap en door alle stress van de afgelopen periode niet in staat geheel zelfstandig voor haar kinderen te zorgen. Zij wordt door gespecialiseerde verzorgers ondersteund.
David, zijn zusje én hun moeder zijn, zoals het in juridische termen heet, slacht-

offer van grensoverschrijdend seksueel gedrag van de vader. Hangende het onderzoek hiernaar is besloten dat de vader zijn kinderen voorlopig niet mag zien. De verblijfplaats van de moeder en de kinderen wordt voor hem geheim gehouden. Er is een heftige juridische strijd gaande tussen vader en moeder.
Wat er precies met David en zijn zusje is gebeurd is niet bekend. Deels omdat David nog niet verhoord is. Hij heeft alleen aan moeder en oma bevestigd wat zijn zusje over vaders daden heeft aangegeven, zelf heeft hij niets verteld. Vader ontkent alle aantijgingen over gedwongen seksuele handelingen.
Op termijn zal David verhoord gaan worden door de politie, maar nu vinden opvoeders en hulpverleners rondom dit gezin hem daarvoor te labiel en te kwetsbaar.

David wordt door zijn moeder en zijn voogd aangemeld voor therapie omdat hij een erg angstige indruk maakt. David slaapt slecht en ligt meestal nog bij moeder in bed. Hij heeft nachtmerries, en ook overdag lijkt hij vaak in beslag genomen door angstige gedachten. Hij huilt veel en raakt om onbegrijpelijke redenen in paniek. Doordat hij enorm stottert en hakkelt is hij zeer slecht verstaanbaar. Hij zit daarom op een school voor speciaal onderwijs. Op schoolwerk kan hij zich niet concentreren en zijn leerachterstand loopt alleen maar op. David heeft weinig contact met zijn klasgenoten en speelt niet met ze mee. Tot nu toe is geprobeerd de problemen gedragsmatig aan te pakken maar Davids angstniveau lijkt daarvoor te hoog.

Het lukt niet om David uitgebreid psychologisch te onderzoeken. David geeft geen antwoord op testvragen, wil niet tekenen en wekt de indruk dat alles wat hem op dat gebied aangeboden wordt te belastend voor hem is en dat het onderzoek de stress en spanning voor hem extreem verhoogt.

Het is bekend dat verklaringen van personen die in therapie zijn of zijn geweest door rechters vaak nietig of niet ontvankelijk worden verklaard omdat therapie de herinnering van de betrokken cliënt zou kleuren of vertekenen. De moeder en de voogd zijn hiervan op de hoogte. Desondanks kiezen zij voor het welzijn van David en dus voor behandeling.

Doel van de therapie

David heeft veel meegemaakt en zijn vertrouwen in anderen en in zichzelf is behoorlijk beschaamd en beschadigd.
De bedoeling van de therapie is allereerst dat de ontstane schade in zijn basaal vertrouwen wordt hersteld. Door tijdens de therapie een sfeer te scheppen waarin hij zich veilig weet, kan hij gaan ontspannen. Door te ervaren dat hij gehoord, begrepen en gerespecteerd wordt kan hij op anderen gaan vertrouwen. Door hem de gelegenheid te bieden om zich spelend en verhuld te uiten over dat wat hij heeft meegemaakt, zal hij zijn ervaringen kunnen gaan ordenen en verwerken. De verwachting is dat daardoor zijn angst zal verminderen. Dan kan hij zijn draai in het leven van alle dag hervinden en verder gaan met zijn ontwikkeling.

In deze therapie staat het verhaal van David centraal. Ik wil hem zijn verhaal op zijn eigen unieke manier laten vertellen. Ik geef daarbij zodanig ruimte dat David zelf het tempo bepaalt waarin hij dat aankan en ook dat hij bepaalt wat en wanneer hij iets met mij wil delen. Het is mijn verantwoordelijkheid een begripvolle verstaander te zijn. Het gaat er niet om de waarheid te achterhalen of bewijzen te verzamelen voor mogelijk strafbare feiten.

5 Verkenningsfase van de therapie

Kennismaking

De eerste keer komt David samen met zijn moeder naar de spelkamer. Het is belangrijk dat David ervaart dat zijn moeder de spelkamer als ruimte en mij als persoon goedkeurt en 'veilig' verklaart. Hij heeft veel dingen meegemaakt waarover hij zich mogelijk schaamt of angstig voelt. Hij moet ook nu nog dingen geheimhouden, zoals zijn adres en woonplaats. Hij heeft geruststelling en toestemming van zijn belangrijkste verzorger nodig. Daarom vraag ik zijn moeder die eerste keer ook in de spelkamer aanwezig te blijven.
David staat als een bang vogeltje midden in de spelkamer. Hij heeft geen belangstelling voor al het speelgoed. Hij zegt niets uit zichzelf en geeft alleen kort antwoord op vragen.
'Er zijn een heleboel nare dingen gebeurd', vertel ik. 'Dat is lastig en moeilijk en het heeft jou bang gemaakt. Mama wil graag dat ik jou help, zodat jij weer blijer wordt. Daarom ben je hier'.
Ik vraag zijn moeder om samen met David het poppenhuis net zo in te richten als hun vroegere woning. Op die manier kan David ervaren dat moeder hem toestemming geeft om over zijn verleden te spelen of te praten.
Doordat ze samen het huis inrichten krijg ik meer en andere informatie over Davids leven. Ik ontdek dat David een hondje had dat hij heeft moeten achterlaten en een kippetje in een buitenhok. Ik hoor dat al zijn spullen in het oude huis zijn achtergebleven evenals zijn kleren. En ik hoor nu ook van leuke dingen die hij samen met zijn vader deed.

Het eerste contact met David sluit ik af met het voorlezen van een gezellig verhaaltje[1] terwijl we samen op een zitzak zitten. Daarna neem ik afscheid van hem. 'Vanaf vandaag kom jij elke week', vertel ik hem. 'Jij mag hier spelen. Met en over alles wat jij maar wilt. En elk uur zal ik je een verhaal voorlezen.'

David speelt ook de volgende keren niet. Weken achtereen staat hij grote delen van zijn therapietijd verloren in de kamer. Elke week zoekt hij uiteindelijk de zitzak op. Hij gaat erop zitten en kijkt me dan zwijgend aan. Als ik vraag of hij naar een verhaal wil luisteren, knikt hij ja. Ik lees hem prentenboekjes voor met neutrale thema's[2]. David geniet hiervan. Hij ontspant, gaat me meer aankijken en hij begint iets over het verhaal te zeggen of om nog een boekje te vragen.

In de daarop volgende weken laat ik hem kiezen uit verschillende boekjes die over slapen gaan, zoals: 'Mijn beer heeft altijd wat', 'Ook draken moeten slapen' en het veruit favoriete 'Kleine beer en grote beer'. Met die verhaaltjes[3] laat ik hem weten dat ik op de hoogte ben van zijn nachtelijke angsten en dat ik zijn angst versta en begrijp. Door hem te laten kiezen stimuleer ik hem zich te gaan uiten en zijn verlangens kenbaar te maken. David kan niet genoeg van deze verhaaltjes krijgen.
Deze verhaaltjes helpen hem om, al stotterend en hakkelend, te gaan vertellen over heel enge dromen, waarin monsters hem verslinden. Dit vertellen over monsters helpt hem een beetje beter te slapen maar nog lang niet in zijn eigen bed.
David voelt zich nog niet zo vrij dat hij spelend zijn verhaal gaat doen. Een uitnodiging de monsters te gaan schilderen neemt David nog niet aan. Hij gaat

---

1 Doel: een sfeer van vertrouwen, veiligheid en ontspanning scheppen.
Metafoortype: start-metafoor.

2 Doel: een sfeer van vertrouwen, veiligheid en ontspanning scheppen; een situatie oproepen waarin vertellen en luisteren gewoon is; verbale reacties en verbaal initiatief uitlokken; meenemen naar de wereld van net-alsof.
Metafoortype: evocatieve metafoor.

3 Doel: een sfeer van vertrouwen, veiligheid en ontspanning scheppen; een situatie oproepen waarin vertellen en luisteren gewoon is; verbale reacties uitlokken en verbaal initiatief stimuleren; meenemen naar de wereld van net-alsof; een deel van de problematiek verhuld en dus veilig bespreekbaar maken, waar dat rechtsreeks nog te bedreigend lijkt.
Metafoortype: ondersteunende metafoor.

wel steeds meer vertellen over het speelgoed dat hij mist en over het oude huis waar hij niet meer woont.

De kleine zendpiraat

De kleine zendpiraat

Dit verhaal gaat over Jason, de kleine zendpiraat.
Al sinds zijn geboorte kon je aan hem zien dat Jason heel bijzonder was. Hij lag niet gezellig thuis in zijn eigen wiegje, maar hij had al direct een soort van eigen studiootje nodig, want hij was toen heel erg klein.
Toen Jason groot genoeg voor een gewoon wiegje was, mocht hij natuurlijk bij zijn ouders wonen. Papa en mama, iedereen was blij. Ze genoten van het met zijn drietjes zijn. Alleen met Jason ging het niet zo goed als iedereen graag wilde. Dat kwam natuurlijk omdat Jason een kleine zendpiraat is, dat snap jij wel. Maar in het begin wist niemand nog dat Jason een echt zendpiraatje was.
Omdat mama en papa zoveel van hun Jason hielden lieten ze heel veel knappe mensen naar hun Jason kijken. Ze hoopten toch zo dat hun Jason vrolijk en gelukkig werd.
Dat onderzoeken en observeren door allerlei specialisten duurde erg lang, want weet je, zendpiraten zijn vreselijk moeilijk te herkennen. Ze staan niet, net als het Jeugdjournaal of zo, in de krant of in de radiobode. Voor zendpiraten bestaat er geen boekje waar je in kunt lezen op welk kanaal of welke zender je ze ontvangen kunt.
Voor de mensen om hem heen leek Jason soms wel een stoorzender in plaats van een echte zendpiraat. Ze wilden wel naar hem luisteren, maar het geluid was zo slecht dat ze hem niet goed verstonden. Het kraakte en piepte zoals een radio zonder goede antenne dat nou eenmaal doet.
Voor Jason was dat natuurlijk behoorlijk vervelend. Hoe hard hij via de FM ook riep en hoe goed hij ook zijn best deed, hij werd steeds maar niet goed begrepen. Jason werd er boos, verdrietig en ook teleurgesteld van. Hij dacht soms dat niemand hem wilde horen.
Omdat het allemaal zo moeilijk was en mama en papa het heel erg belangrijk vonden dat het goed ging met Jason stuurden ze hem uiteindelijk naar een speciaal centrum.
Daar, in dat zendercentrum moest Jason een tijdje wonen. Iedereen hoopte dat ze er dan eindelijk achter zouden kunnen komen op welke frequen-

tie je precies moest afstemmen om Jason duidelijk te kunnen horen.
Voor Jason brak een moeilijke tijd aan. Hij miste zijn mama vaak verschrikkelijk. Hij wilde zo ontzettend graag bij haar zijn, dat hij soms helemaal alle regels van de zendpiraten vergat. Dan gedroeg Jason zich echt als een stoorzender. Hij bleef de hele dag door zijn microfoontje roepen en hij kon het maar slecht verdragen als andere zendpiraten in het centrum ook geholpen werden en zendtijd kregen.
De mensen in het zendercentrum begrepen wel dat Jason verdriet had. Toch moesten ze soms streng tegen Jason zijn. Andere zendpiraten hebben er tenslotte ook recht op om hun berichtjes via de FM te versturen. Zo is het nou eenmaal met de zendtijdenwet.
Na een lange, lange tijd werd eindelijk Jasons beste uitzendfrequentie op de FM gevonden. Jason was zo blij! Hij had het lange wachten bijna niet vol kunnen houden. Hij miste zijn mama zo heel erg! Nu wilde onze kleine zendpiraat dus dadelijk naar huis.
Maar toen kwamen ze op dat centrum tot een ontzettende ontdekking. Het huis waar de mama van Jason woonde was niet geschikt voor zendpiraten! En ook het huis van Jasons papa had zulke dingen niet. Er was geen kabel, geen studio, geen mengpaneel, geen microfoons. Kortom, er was eigenlijk niets wat echte zendpiraten nodig hebben om goede uitzendingen te maken en door anderen verstaan en begrepen te worden. Jason voelde zich ontzettend teleurgesteld. Hij was heel erg bang dat het nooit meer goed zou komen. Hij wilde soms zelfs dat hij nooit als zendpiraat geboren was. Hij dacht dat niemand om hem gaf.
Wat Jason niet wist was dat mama, en ook papa en alle mensen van het centrum dat echt heel erg naar voor hem vonden. Iedereen wenste dat hij gelukkig was. Maar ze wilden hem ook zo helder mogelijk over de FM ontvangen. Want als je een echte zendpiraat bent dan verdien je toch zeker een mooi plekje op de ether.
Jason moest dus nog langer wachten. Ze hadden allemaal ontzettende bewondering voor Jason. Want ze vonden dat hij ondanks alles zo goed zijn best deed op de zenderschool. En ook dat hij een behoorlijk muzikale zendpiraat was. Ze waren eigenlijk best trots op hem.

Bovendien hield zijn mama zeker wel van haar kleine zendpiraat en zijn papa ook. Dat merkte Jason omdat ze alles op alles zetten om ervoor te zorgen dat Jason in een geschikt huis kon wonen. Een huis met een speciale schotelantenne, een eigen studio, een aparte microfoon en een heel goed mengpaneel. Daar zou Jason gewoon zijn eigen uitzendingen kunnen maken en dan kon iedereen die dat wilde naar zijn programma's luisteren.
Het kon nog best een tijdje duren voordat zo'n huis eindelijk klaar zou zijn. Maar het zou er komen.
En iedereen wist ook dat Jason die lange extra wachttijd vol zou kunnen houden, omdat zendpiraatjes nou eenmaal heel bijzondere kinderen zijn. Ze zijn dapper, sterk en flink.
En Jason weet dat hij het vol zal houden. Hij heeft begrepen dat mama en papa altijd van hem houden. Ook als hij niet bij ze is. En op welke frequentie hij zijn programmaatjes ook uitzendt.
Als een echte zendpiraat verzint Jason af en toe van die deuntjes waar een nieuw programma mee beginnen moet. Als mama of papa ook zendpiraat waren en ze maakten een programma voor hem, dan zou het vast zo beginnen:
'Op de korte golf, op de lange golf of op de FM, Jason hoort bij ons, wij houden van hem'.
Er is veel dat Jason nog niet zeker weet, maar dát weet hij nu echt zeker. Nu hij dat bedacht heeft wordt hij er helemaal blij en gelukkig van!

'De kleine zendpiraat' werd oorspronkelijk geschreven voor een lichamelijk gehandicapte jongen van zeven jaar. Zijn probleemgedrag kwam voort uit het feit dat hij niet meer thuis kon wonen. Anders dan David uitte zich dat bij hem in extreem acting-out gedrag.

Het levensverhaal

De ouders hebben al voor de geboorte van deze jongen forse persoonlijke, psychiatrische en verslavingsproblemen.
Het ouderschap van een zwaar gehandicapte zoon legt een extra druk op hen en op hun relatie. Een echtscheiding is onvermijdelijk en vindt plaats terwijl dit kind

als peuter ter observatie in een revalidatiecentrum verblijft. Er ontstaat veel strijd over de opvoeding en de verzorging. Moeder vindt dat hij niet bij vader kan wonen, vader vindt omgekeerd dat moeder niet goed voor hem zorgt. De verpleegkundigen houden hun hart vast en de artsen ontslaan hem niet. Hij zit al jaren in een groep waar andere kinderen komen en gaan. Zijn weekenden thuis zijn in de loop der tijd teruggebracht naar een paar uurtjes op zaterdag en hij brengt die afwisselend door bij vader of moeder.

De jongen vertoont grote gedragsproblemen, die voortkomen uit het feit dat hij zich enorm verstoten en afgewezen is gaan voelen. Hij is extreem dwars en opstandig en roept voortdurend nog veel meer afwijzing over zich af, zowel van de verpleegkundigen als van zijn ouders. Hij bevestigt zo voortdurend zijn meest angstige vermoeden. Het enige wat hij bereikt is dat hij steeds minder krijgt van wat hij zo graag wil: liefde en aandacht.
Elke keer als er een kind uit zijn groep voorgoed naar huis gaat reageert hij zich af door nog lastiger en opstandiger te doen. Er worden verschillende opvoedingsmethoden uitgeprobeerd en er zijn gesprekken met zijn ouders over zijn opvoeding. Niets helpt. Hij wordt steeds onhandelbaarder. Uiteindelijk wordt hij naar therapie gestuurd. De vraag luidt of hem geleerd kan worden zich beter te gedragen, om zodoende verlichting te brengen in de opvoedingsnood.

De therapie

In de spelkamer is de jongen graag, maar hij speelt niet. Hij maakt herrie en die herrie neemt hij met een cassetterecorder op. Tussen neus en lippen door zegt hij: 'zaterdag ga ik van het balkon springen' of 'volgende keer rijd ik mijn rolstoel van het perron af, onder de trein'. Daarmee laat hij me weten dat hij denkt dat zijn leven niets waard is en dat hij gelooft dat hij gemist kan worden. Hij lokt om elk wissewasje heftige conflicten met mij uit. En hij weet zeer slim en gewiekst ook mij vaak boos op hem te krijgen. In de tussentijd valt, in gesprekken met de ouders, het besluit hem definitief uit huis te plaatsen.
Ik besluit een verhaal voor de jongen te maken.

Doel

Hem een verhaal geven dat hem steunt en troost, iets wat hij mij in de realiteit niet toestaat.

Mentale hindernissen oplossen: herkadering van de gedachte dat hij wordt verstoten.

Correctieve feedback op het probleemgedrag geven.

Uithuisplaatsing bespreekbaar maken.

Metafoortype

- probleemoplossend;
- defensief;
- diplomatiek.

Effect

De jongen is zichtbaar ontdaan als ik hem het verhaal in de spelkamer voorlees. Ik ben op mijn beurt ontroerd door hoe hij de naam van de hoofdpersoon uitgesproken wil hebben: als 'Ja-zoon'.

In de dagen daarna begint hij zijn verhaal met anderen te delen. Heel trots leest hij het aan zijn verplegers, op school en aan zijn ouders voor. Daarmee wordt alleen al die naam een metafoor op zich die niemand onberoerd laat. Het probleemgedrag vermindert sterk en als het wel optreedt, wordt hij vanuit de opvoeders met meer begrip gecorrigeerd. Een half jaar later wordt hij geplaatst in een instelling voor meervoudig gehandicapte jongeren.

Een vertrouwensrelatie opbouwen

Gedurende de eerste maanden van de therapie verandert Davids gedrag weinig. Wel slaapt hij thuis beter en ook vaker in zijn eigen bed. Op school blijft hij een bang en angstig vogeltje. Zijn gespannenheid uit zich nog steeds in stotteren en hakkelen. Tijdens de therapie speelt David nog steeds niet, maar hij is wel begonnen aan een voorzichtige expeditie door de spelkamer. Daarbij heeft hij de klappertjes-pistolen en de handboeien ontdekt. Die bekijkt hij en hij zit er vaak, zwijgend en met zijn rug naar me toe, wat mee te rommelen. Op opmerkingen die ik erover maak of op spelsuggesties die ik ervoor geef reageert David niet. Als ik met hem mee probeer te doen loopt hij weg om ergens anders te gaan zitten. Uiteindelijk kruipt hij na een poosje steeds op de zitzak en vraagt hij of ik hem verhaaltjes wil vertellen. Ik ga op dat verzoek in en zoek verhaaltjes uit die kunnen helpen een sfeer van veiligheid, vertrouwen en gehoord worden op te roepen.

David houdt van dieren en daarom kies ik elke week een verhaaltje uit 'Misschien wisten zij alles' van Toon Tellegen uit. De thema's van die verhaaltjes[1] passen bij zijn levensverhaal. Bijvoorbeeld een verhaal dat begint met: 'Op een dag werd de eekhoorn wakker en was alles anders en iedereen verdwenen'. Ik kies ook verhalen over bang en verdrietig zijn. Zo laat ik David weten dat ik begrijp hoe hij zich voelt. Zo schep ik ruimte voor hem om zich over zijn ervaringen uit te spreken. Het voorlezen helpt David om meer te gaan vertellen over hoe erg hij zijn hond en kipje mist. En het geeft ruimte om te praten over het oude huis waar zoveel dierbaars achterbleef: papa, al zijn speelgoed, kleren en videobanden. Van zijn moeder heeft David toestemming om hierover te praten. En hij voelt zich nu vrij genoeg om dat te doen en hij doet dat ook.

Waarschijnlijk ligt dat ten opzichte van zijn vader heel anders. Ik houd er rekening mee dat David van zijn vader over bepaalde dingen moet zwijgen. Zijn vader

---

1 Doel: de sfeer van vertrouwen en veiligheid onderhouden; een sfeer in stand houden waarin het kind wordt uitgenodigd en uitgedaagd om te reageren op het vertelde; beelden gebruiken waar rechtstreekse communicatie nog te bedreigend lijkt; veiligheid scheppen door verhulling; taboe-onderwerpen bespreekbaar maken. Metafoortype: evocatieve, ondersteunende, diplomatieke metafoor.

heeft misschien zelfs gedreigd met vervelende strafmaatregelen als David zich niet aan die zwijgplicht houdt. Bovendien kan ook Davids eigen schaamtegevoel hem verhinderen om zijn verhaal te doen. Waarschijnlijk speelt dit allebei in zijn zwijgzaamheid.

Ik vertel David daarom ook verhaaltjes over geheimen[1]. Leuke geheimen zoals verrassingen en cadeautjes. En rotgeheimen die je bang of verdrietig maken. Zo laat ik hem allereerst merken dat ik weet dat hij geheimen heeft. Vervolgens vertel ik hem dat leuke geheimen goed zijn om voor je te houden. En dat het juist oké is om rotgeheimen te delen met iemand die je vertrouwt.

Als David dit laatste hoort begint hij heel voorzichtig klappertjes te schieten. Zomaar in de ruimte, knal na knal, zonder mij aan te kijken en zonder er iets over te zeggen. 'Sommige geheimen maken je ook boos', zeg ik. 'En sommige geheimen zijn heel lastig te vertellen'.

Als reactie gaat David op de zitzak zitten en zegt: 'Vertel mij wat?'.

Natuurlijk doe ik dat. Ik zie hoe zijn lijf ontspant terwijl hij luistert.

---

1 Doel: gebruik maken van beelden ter verduidelijking en ondersteuning van de boodschap dat het goed en nodig is om dingen die maken dat het kind zich akelig voelt te delen, ondanks het feit dat de vader mogelijk iets tegengesteld heeft beweerd.
Metafoortype: evocatieve, ondersteunende metafoor.

Het verhaal van Clara Konijn

Het verhaal van Clara Konijn

Oelie Uil zat in een holle boom.
Ze zat op een tak en ze kon het hele bos overzien.
Oelie Uil maakte zich zorgen.
Ze had Clara Konijn al een tijdje niet gezien.

Clara Konijn was een vriendelijk dier.
Ze had lange oren en een glanzend donker vel.
Clara Konijn had veel meegemaakt in haar leven.
Sommige dingen waren leuk.
Andere dingen waren helemaal niet prettig.

Clara Konijn kwam al een tijdje naar het bos.
Ze zat graag in het holletje onder de boomstronk.
Daar speelde ze met blaadjes.
Of met het licht dat naar binnen scheen.
Soms dacht Clara na over de dingen die ze had meegemaakt.

Onder de boomstronk had Clara een eigen plekje.
Daar was zij de baas.
Clara wist wel dat Oelie in de holle boom zat.
En Oelie wist heel goed wat Clara deed.
Oelie keek toe hoe Clara haar gangetje ging.
En Clara vond het prima zo.

Af en toe kroop Clara een stukje onder de boomstronk uit.
Dan speelde zij haar spelletje met de blaadjes.
Clara zou wel met Oelie willen praten.
Om te vertellen wat ze had meegemaakt.
Maar dat durfde Clara niet.
Ze was bang voor wat er zou gebeuren als ze alles zou vertellen.
Daarom bewaarde Clara het als een geheim.

Soms wilde Clara wel schreeuwen:
Dat ze bang was.
Dat ze boos was.
Dat ze verdriet had.
Clara dacht dat het allemaal haar eigen schuld was.
En ze was bang dat niemand haar zou geloven.
Daarom bewaarde Clara het als een geheim.

Soms zou Clara wel willen huilen.
Omdat ze verdrietig was.
Omdat ze boos was.
Omdat ze bang was.
Omdat ze dacht dat het allemaal haar schuld was.
En omdat ze bang was voor wat er allemaal zou gebeuren als ze alles vertelde.
Daarom bewaarde Clara het als een geheim.

Oelie Uil wist dat Clara het moeilijk had.
Oelie Uil wilde Clara helpen.
Maar nu was Clara weg.
Ze zat niet op haar plekje onder de boomstronk.
Oelie Uil hoopte dat Clara gauw terug zou zijn.
Dan zou ze Clara een belangrijke boodschap vertellen.

En zo ging het ook.
Na een tijdje zat Clara weer onder de boomstronk.
Maar hoe de zon ook op de blaadjes straalde en hoe Oelie Uil haar ook maar riep...
Clara bleef zitten waar ze zat.
Ze wilde wel met Oelie praten.
Maar Ander Konijn had het haar verboden.
Dus bleef Clara zitten waar ze zat en en hield ze haar bekje dicht.

Oeh-hoe, oeh-hoe. Ik weet wat er is Clara.
Sprak Oelie Uil.
Volgens mij heb jij een rotgeheim.
Het is niet goed om rotgeheimen in je eentje te bewaren.
Ook niet als Ander Konijn je zegt dat je dat moet.
Nare geheimen mogen geen geheim zijn.
Daar worden kleine dieren heel erg ongelukkig van.
Kleine konijnen, zoals jij, moeten rotgeheimen juist vertellen.
Aan iemand die je vertrouwen en helpen kan.

Oeh-hoe, oeh-hoe, ging Oelie verder.
Je denkt dat het allemaal jouw schuld is.
Maar ik weet dat dit niet klopt.
Een klein konijn is nooit schuldig.
Aan dingen die Ander Konijn doet.

Oeh-hoe, oeh-hoe, ik weet dat je bang bent.
En bezorgd.
Om wat er gaat gebeuren met de rest van de konijnen uit jouw nest.
Wat zullen ze zeggen?
Zullen ze huilen?
Zullen ze kwaad zijn?
Zullen ze jou de schuld geven?
En dat wil jij niet. Gewoon omdat je veel van de rest van de konijnen houdt.
En wat zal er gebeuren met Ander Konijn?
Misschien wordt hij boos.
Misschien wordt hij verdrietig.
Misschien wordt hij wel weggestuurd.
Dat maakt je bang.
Maar iemand zal Ander Konijn dan komen helpen.

Oelie Uil was uitgepraat.
Ze wist dat Clara had zitten luisteren.

**Oelie Uil kneep haar ogen dicht en bleef zitten waar ze zat.
Ze wist zeker dat Clara uit haar holletje zou komen.
Ze wist zeker dat Clara aan iemand haar geheim zou vertellen.
Ze wist dat Clara een dapper klein konijn was.
Oelie Uil wist dat ze Clara kon geloven.
Ze zou zorgen dat Clara geholpen werd.
Dan kwam het allemaal goed.**

'Het verhaal van Clara Konijn' werd geschreven voor een elfjarig, ernstig slechthorend en taalzwak meisje.

Het levensverhaal
Aanleiding was het feit dat er al langere tijd serieuze signalen (onzindelijkheid, angsten, buikpijn, depressiviteit) waren die mogelijk wezen op seksueel misbruik. Het probleem leek dat het meisje zich hierover niet uit durfde te spreken, ook al werd ze daartoe aangemoedigd door haar ouders en de groepsleiding.

Doel
Omdat het niet lukt het meisje rechtstreeks te benaderen een verhaal gebruiken dat haar wijst op de mogelijkheid haar geheim met iemand te delen.
Taboe-onderwerpen bespreekbaar maken.
Het verhaal beknopt houden vanwege haar slechthorendheid en zwakke taal.

Metafoortype
- evocatief;
- ondersteunend;
- diplomatiek.

Effect
Na het vertellen van dit verhaal ging het meisje naar huis. Ze verzamelde al haar moed en vertelde haar moeder dat ze in het busje op weg naar school seksueel werd lastiggevallen. Haar moeder geloofde haar. Een aangifte volgde. Het meisje kon eindelijk haar energie op andere zaken richten. Ze werd kortdurend onder-

steund in de spelkamer vlak voor het verhoor door de politie en na de rechterlijke uitspraak.

De geschiedenis van Dora Das

Soms wordt een kind niet zelf belemmerd door geheimhouding, maar moet het juist op de hoogte worden gebracht van feiten die voor het kind geheim gehouden zijn. Het volgende verhaal is daar een voorbeeld van.

De geschiedenis van Dora Das

De speurtocht

Alleen als je heel goed zocht kon je het vinden. De ingang van het dassenhol. Die lag diep in het bos verstopt. De burcht lag net onder een heuveltje bij wat jonge eikenboompjes. En in die burcht, onder dat eikenhakhoutbosje, woonde Dora Das met haar familie. Het was een goede en gezellige burcht. Dora had het er prima naar haar zin.

Ze hield veel van spelen en buiten in het eikenhakhout kon ze altijd wel vriendjes vinden.

Maar ook binnen, in al de verschillende gangen en kamers van de burcht, kon ze zich uitstekend vermaken.

Het was een goede plek voor speurtochten.

Het liefst speelde Dora glijbaantje en rende ze door de gangen, op zoek naar een plekje om heerlijk naar beneden te kunnen roetsjen.

Soms speelde ze ook met Debbie, het kleine babydasje dat het vorige voorjaar in de burcht geboren was.

Natuurlijk ging Dora ook naar school. Ze leerde er van alles. Want Dora Das deed vreselijk goed haar best.

Maar juist op school werd Dora soms herinnerd aan iets wat ze zelf bijna vergeten was. En dat was haar naam. Die was namelijk niet hetzelfde als die van de andere dassen in de burcht.

Hoe het was gekomen dat Dora anders heette dan mama, ook anders dan papa en zelfs anders dan Debbie, het babydasje, was een ingewikkeld verhaal.

Dora's mama had het haar kort geleden eens uitgelegd. Het kwam doordat Dora eigenlijk een andere vader had.

Die woonde nog ergens ver weg met zijn andere dassenkindertjes in de oude burcht.

Als Dora nadacht over haar naam en over die andere vader en de andere dasjes dan raakte ze een beetje in de war. Ze wilde er echt niet al te vaak over nadenken, maar soms moest ze wel. Door die naam, snap je. Soms als iemand boos op haar was, of zelfs wel eens zomaar, gebeurde het dat ze er ineens aan moest denken hoe het nou zat allemaal.

Op een dag, tijdens een van Dora's speurtochten door de vele gangen van de burcht, leek het alsof ze een beetje verdwaalde. Ongemerkt was Dora een onbekend gangetje ingelopen. Het was een oud gangetje en het werd bijna niet meer gebruikt. Dat kon Dora wel merken aan de draden spinrag die van het plafond naar beneden hingen. De bladeren op de vloer waren oud en verdord. Het leek lang geleden dat iemand ze had ververst. Dora werd nieuwsgierig, maar ook een beetje bang. Waar zou dit onbekende tunneltje uitkomen?

Voorzichtig liep ze door. Voetje voor voetje schuifelde ze vooruit. Er ging van alles door haar hoofd.

Na een tijdje lopen botste Dora tegen een heel groot web.

Uit een hoekje achter het web hoorde Dora de stem van juffrouw Spin. 'Ben je daar eindelijk, Dora Das? Ik heb altijd wel geweten dat je hier nog eens langs zou komen. Ik wacht al zo lang op jouw komst. Ik dacht, laat ik maar een webje weven, dan voel ik altijd dat er iemand is. In dit gangetje kun je nu weliswaar niet verder, want een eindje verderop is hij ingestort. Maar misschien heb je mij toch nodig.'

Terwijl Dora stond te luisteren was juffrouw Spin uit haar hoekje gekropen. Ze zat nu midden in haar web en ze hield Dora nauwlettend in de gaten. Ze was niet onvriendelijk hoor, juffrouw Spin, ze wilde gewoon haar web beschermen.

Dora Das was wel een beetje geschrokken. Ze dacht dat ze juffrouw Spin wel erg lastiggevallen had met haar onverwachte bezoekje. 'Nou, eigenlijk kwam ik hier per ongeluk' begon Dora voorzichtig, 'want weet u, ik was aan het speuren'. 'Waar ben je dan naar op zoek' vroeg juffrouw Spin, die wel zag dat Dora een beetje verlegen geworden was.

Vóór Dora het goed en wel in de gaten had begon ze juffrouw Spin te vertellen van haar naam, van haar andere vader en van de andere dassenkin-

dertjes. En dat ze vaak niet snapte hoe dat alles nou in elkaar zat.
Tot haar verbazing antwoordde juffrouw Spin: 'Het gangetje dat je hier hebt gevonden loopt helemaal naar jullie oude burcht.
Ik kan je er niet doorlaten, maar ik kan je er wel over vertellen. Want vroeger woonde ik ook aan de andere kant'.

Het verhaal van Juffrouw Spin
Een paar jaar geleden raasde er in het grote bos een vreselijke storm. De wind blies zo hard dat horen en zien je bijna verging. De storm waaide zelfs dwars door de dassenburcht, die onder de dikke stam van de oude eik lag.
In die burcht woonden toen vijf dassen. Een vader, een moeder, twee jongens en een kleine meisjesbaby.
Vader en Moeder Das vonden de storm die door hun burcht bulderde maar helemaal niks. Ze werden er koud en akelig van, maar er was niets wat ze ertegen konden doen, wat ze ook probeerden. Voor de dassenkinderen vonden ze de storm natuurlijk nog akeliger. Want als er iets is waar kleine dassen slecht tegen kunnen, dan is dat wel zo een storm.
Er moest dus iets gebeuren. Dat vonden Vader en Moeder Das allebei. Vader Das zei dat de jongens sterk en flink genoeg waren om bij hem in de burcht het eind van de storm af te wachten. En de stoere jongens wilden dat ook wel graag.
Maar Moeder Das vond dat de storm te vreselijk was en zij besloot om samen met de kleine meisjesbaby weg te gaan.
Want dat meisje was nog zo klein en ook wel een beetje bijzonder dat ze extra bescherming nodig had.
Ondertussen bleef het maar waaien en stond het hele bos te trillen en te schudden.
Moeder Das vluchtte met haar kleine meisje een smal gangetje in. Ze ging op zoek naar een veiliger plekje om te wonen.
Dat was nog niet zo een, twee, drie gevonden, want de wind bleef maar tekeer gaan.
Toen Moeder Das na lang zoeken eindelijk een veilig onderkomen gevon-

den had, wilde ze natuurlijk ook haar twee andere kinderen weer zien. En ook Vader Das wilde waarschijnlijk wel eens weten wat er van zijn kleine meisje geworden was.
Maar de storm had een zware dennenboom omver geblazen en de gebroken stam was dwars door het smalle gangetje gevallen.
De weg naar de oude burcht zat helemaal dicht. De familie Das was elkaar kwijtgeraakt door die vreselijke storm.
'Ik weet', eindigde juffrouw Spin haar verhaal, 'dat jouw moeder nog wel eens nadenkt over die storm, want ook al is ze nu heel gelukkig, soms komt ze nog wel eens in dit gangetje en dan kijkt ze of er niet toch een gaatje is.'

Dora's vragen

Dora Das was stil geworden van het verhaal van juffrouw Spin. Ze begreep dat zij dat meisjesdasje was.
Ze wilde er eens goed over nadenken.
Juffrouw Spin zag dat aan Dora's gezicht en liet haar eventjes met rust. Maar ze kroop nog niet terug in haar hoekje, want ze dacht dat Dora nog wel wat te vragen had.
Juffrouw Spin had gelijk, want na een tijdje vroeg Dora aarzelend: 'Is mama haar andere kindjes vergeten, nu ze een nieuwe papa en een nieuw kindje heeft?'
'Je zou het haar ook zelf kunnen vragen' zei juffrouw Spin, 'maar ik weet zeker van niet. Ouders vergeten hun kinderen nooit. Ik denk dat ze met een nieuwe papa, waar ze veel van houdt, is getrouwd omdat ze weet dat kleine dasjes ook vaders nodig hebben. Ze gaf je ook een nieuw zusje, omdat ze weet dat dit voor dasjes nou eenmaal fijner is. Dan heb je altijd iemand om mee te spelen. Ze wilde gewoon weer een complete familie, juist omdat jij bij haar hoort.'
Dora was weer een poosje stil en juffrouw Spin had weer geduld.
'Zou mijn nieuwe papa wel van mij houden, nu hij zelf een klein kindje heeft?', vroeg Dora aan juffrouw Spin.
'Je zou het hem ook zelf kunnen vragen', zei juffrouw Spin opnieuw, 'maar

ik weet zeker van wel. Want als er iemand weet hoe belangrijk dat voor jou is, dan is hij het wel.'

'Maak je maar niet zoveel zorgen', zei juffrouw Spin. 'Ik heb wel eens vaker zo een storm meegemaakt. Als iedereen zijn best doet komt het allemaal goed met een nieuwe familie. Als je goed om je heen kijkt, zul je wel meer kinderen ontdekken die een nieuwe vader hebben gekregen.'

Dora Das knikte. Ze moest er weer even over nadenken.

Het bleef heel lang stil in dat smalle gangetje. Het bleef zo lang stil dat juffrouw Spin een beetje indutte. Toen ze na een poosje haar oogjes weer opendeed, ontdekte ze dat het gangetje leeg was. Toen juffrouw Spin haar oren spitste kon ze nog net het lachen horen. Het lachen van mama, papa, Debbie en Dora, die samen gezellig aan tafel zaten in de nieuwe dassenburcht onder het eikenhakhoutbosje.

'Wat een gelukkige nieuwe familie bij elkaar', dacht juffrouw Spin, en zij kroop tevreden terug in het hoekje achter haar web.

Dit verhaal werd gemaakt toen de moeder van een zevenjarig, licht verstandelijk gehandicapt meisje hulp vroeg bij de onthulling van een gezinsgeheim.

Het levensverhaal

Toen het meisje een paar maanden oud was vluchtte haar moeder met haar jongste kind van haar echtgenoot weg. Daarbij liet ze haar twee oudere zoontjes achter. Het contact met hen werd volledig verbroken. Het meisje weet niet van het bestaan van haar twee broers en haar biologische vader.

De moeder is hertrouwd en heeft nog een dochter gekregen. Het nieuw gevormde gezin, inclusief het meisje, draagt de naam van moeders nieuwe partner.

Moeder wil enerzijds haar geheim niet onthullen, maar anderzijds wil zij vooral niet dat haar dochter via anderen uitvindt hoe de vork in de steel zit. Haar grootste angst is dat het meisje met haar vader en haar broers in contact wil komen als ze de waarheid hoort. Daarom blokkeert moeder zelfs haar eigen diepste wens weer herenigd te worden met haar zoons.

De therapie

Met hulp van een gezinsbegeleider vertelt moeder eerst het meisje zelf hoe haar familiegeschiedenis in elkaar steekt. Als ondersteuning van die informatie schrijf ik een verhaal. Daarna volgen er speluurtjes, zodat het kind de gelegenheid heeft spelend dit nieuws te verwerken.

Doel

Het verhaal gebruiken als geheugensteun.

Het verhaal gebruiken om het meisje in een toestand te brengen waarin zij het nieuws geestelijk kan bevatten en positief kan opvatten.

Metafoortype

- mnemonisch;
- evocatief.

Effect

De moeder leest dit verhaal weken achtereen elke avond voor. Het verhaal helpt het meisje om met haar verstand greep te krijgen op al die informatie. In de therapie kan ze aandacht besteden aan alle emoties die dit bij haar oproept. Daar maakt ze uitgebreid gebruik van. Ze vraagt zich al spelend af hoe het zou zijn als moeder ook haar zou verlaten en ze speelt wel eens dat haar (stief)vader niet meer van haar houdt.

Als na een paar maanden de spelcontacten worden afgesloten, laat de moeder weten graag zelf nog vaker van gedachten te wisselen met de gezinsbegeleider. Deze laat mij twee jaar later horen dat het contact tussen de moeder en haar zoons is hersteld. Ook het meisje heeft dan kennisgemaakt met haar biologische vader en haar broers.

6 Verdiepingsfase van de therapie

David doet zijn verhaal

Wanneer David een half jaar in therapie is, begint hij elk uur met schilderen. Hij schildert grote vellen vol. Vormen of figuren schildert David niet. Zijn kunststukken zijn zwart. Inktzwart, met hier en daar een beetje rood. Hij produceert het ene zwarte vel na het andere. Soms noemt hij een dergelijk vel een televisie. Het lukt op geen enkele manier over zijn schilderijen te praten. Wanneer ik dat probeer loopt David weg. Als een schildervel vol is, duikt hij in het kastje met de pistolen en schiet hij eindeloos met een geladen klappertjespistool in de lucht. Daarna morrelt hij wat aan de handboeien, nog altijd zwijgend en van mij afgewend. Vervolgens kruipt hij op de zitzak en vraagt hij om een verhaal.

In plaats van de keuze van de verhaaltjes aan mij over te laten gaat David nu zelf bepalen welke verhalen hij van mij horen wil[1]. Ik vat dat op als een teken dat hij al zoveel vertrouwen in mij heeft dat hij het aandurft mij door zijn keuze iets over zichzelf te laten zien.
David kiest vooral gedichtjes van Annie M.G. Schmidt uit. Hij geniet heel erg van het gedichtje 'De Spin Sebastiaan'. Vooral de zin: 'oh, oh Sebastiaan, het is níet goed met hem gegaan' lijkt een speciale betekenis voor David te hebben. Telkens wanneer ik die zin voorlees zie ik zijn gezicht verschieten.

---

1 Doel: het kind gebruikt een metafoor om de aandacht af te leiden van een in de realiteit vastgelopen redenering; met die metafoor probeert het onbewust het taboe bespreekbaar te maken.
Metafoortype: diplomatieke metafoor, oversprong-metafoor.

Op een dag heeft David een knuffeltijgertje meegenomen. Hij draagt het liefdevol bij zich. Als ik het bewonder zegt David: 'maar Konijn en Schildpad ben ik kwijt'. Konijn en Schildpad zijn knuffeldieren die hij in het 'Blijf van mijn lijf'-huis van een leidster heeft gekregen. Ze vormden zijn houvast in donkere tijden en zijn gemis is groot nu ze per ongeluk achter zijn gebleven in een bus. David maakt zich werkelijk zorgen over de dieren. 'Schildpad zal wel honger hebben', zegt hij. 'Maar voor Konijn is het fijn dat Schildpad er is. Konijn is nog heel klein, weet je'.

Ik besluit dat Schildpad en Konijn mijn hulpjes kunnen worden en ik zet ze in om David te helpen zijn eigen verhaal te vertellen[1]. Schildpad en Konijn worden Davids spreekbuis. Terwijl we op de zitzak zitten verzinnen David en ik waar de dieren zouden kunnen zijn. En ik informeer bij David hoe de dieren zich dan voelen. Zo kom ik erachter dat David last heeft van schuldgevoelens. Want David laat Schildpad en Konijn vertellen dat het je eigen schuld is als er nare dingen met je gebeuren. Ze zeggen: 'het komt omdat je stoute dingen hebt gedaan'.
Net zo, bedenk ik, als die domme Spin Sebastiaan, die het noodlot over zich afriep door niet te luisteren naar waarschuwingen van de andere spinnen.
Via het verhaal van Schildpad en Konijn kom ik te weten dat David denkt dat de nare gebeurtenissen, zoals de verhuizing en de scheiding, zijn eigen schuld zijn. Zelfs zonder dat hij precies weet welke stoute dingen hij heeft gedaan.

Jonge kinderen denken nog magisch. Zij ervaren zichzelf als het centrum van de wereld en hebben nog weinig inzicht in relaties bijvoorbeeld tussen oorzaak en gevolg.
Het is daarom niet verwonderlijk dat David is gaan geloven dat hij de problemen tussen zijn ouders heeft veroorzaakt. Evenzo is het vanuit die gedachte verklaarbaar dat hij zich schuldig en verantwoordelijk voelt voor de dingen die hemzelf zijn overkomen.

Ik vertel David dat Schildpad en Konijn er niets aan kunnen doen dat ze zijn zoekgeraakt. Ze zijn verdwaald en proberen de weg terug te vinden, maar daarvoor zijn

---

1 Doel: ruimte bieden om moeilijk bespreekbare onderwerpen verhuld aan de orde te laten komen. Metafoortype: diplomatieke metafoor.

ze gewoon nog te jong. Ze hebben iemand nodig die de weg kent en die hen helpt. Ik vertel hem vervolgens verhaaltjes[1] over dingen die Schildpad en Konijn zijn overkomen en vraag David, die nu ouder en wijzer is dan in de tijd van de grote crisis thuis, met me mee te denken over schuld en verantwoordelijkheid.
Ik begin met: 'Konijn is gevallen en heeft zijn pootje zeer gedaan. Het gebeurde toen Schildpad even niet naar hem omkeek. Is Schildpad stout en is het zijn schuld? Is Konijn stout en is het zijn eigen schuld? Of is het gewoon een ongelukje?'. 'Daar kon niemand wat aan doen', zegt David.
Ik ga verder met: 'Schildpad heeft honger en voelt zich akelig. Hij bijt Konijn heel erg hard in zijn oor. Is Konijn stout en is het zijn eigen schuld? Is Schildpad stout?'. Natuurlijk concludeert David dat Schildpad in dit geval iets doet wat helemaal niet mag.
Ik leg hem heel wat van deze voorbeelden voor. Daardoor gaan Schildpad en Konijn geloven dat ze per ongeluk zijn kwijtgeraakt en dat ze hulp verdienen in plaats van straf.

Het is belangrijk dat David de boodschap uit deze verhaaltjes overneemt en vertaalt naar zijn eigen situatie. Omdat deze boodschap sterk tegengesteld is aan wat David zelf gelooft en wellicht ook van anderen te horen heeft gekregen maak ik hier, als uitzondering, een vertaling van de metafoor naar de realiteit. Zonder op de – vage en nog steeds onbekende – details in te gaan praat ik met David over de tijd toen hij in het oude huis woonde en het gezin nog compleet was. Ik leg uit dat zijn vader dingen heeft gedaan die niet mogen en die helemaal niet fijn waren. Niet voor zijn moeder en zijn zus en ook niet voor hem. Ik vertel hem dat zijn moeder samen met hen daarom van hun oude huis is weggegaan. En dat ze om die reden de politie heeft ingeschakeld. Zij wil gewoon dat die nare dingen nooit meer met haar kinderen gebeuren. Ik zeg: 'ze is niet weggegaan omdat jij, of jouw zusje, stoute dingen hebben gedaan'.
Dit gesprek lucht David zichtbaar op. Het lijkt of hij nu zelfs ook de angst en het verdriet van zijn moeder beter kan plaatsen.

---

1 Doel: de overtuiging dat het kind verantwoordelijk is voor de daden van de ouders, de vader, ontkrachten. Metafoortype: probleemoplossende metafoor.

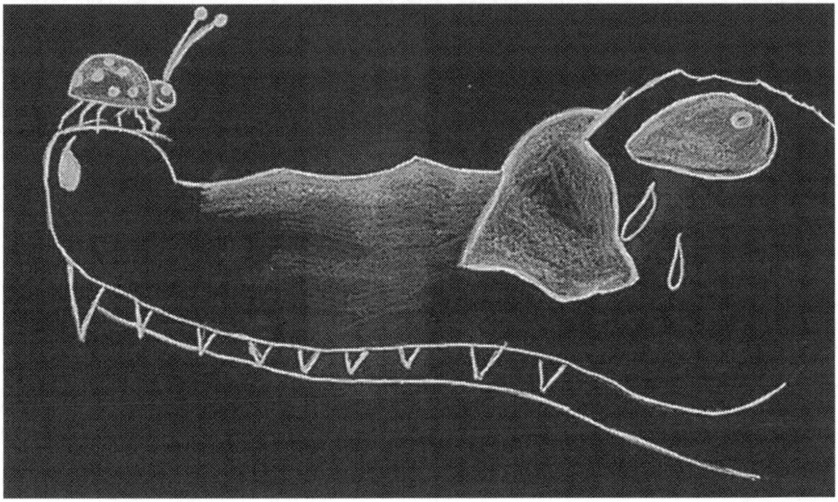

Het ongelooflijke verhaal van de krokodil die dacht dat hij niet lief kon zijn

Veel kinderen voelen zich schuldig over problemen en conflicten tussen hun ouders. Ze denken vaak dat de ruzie aan hen ligt of door hen veroorzaakt wordt.

Er zijn ook kinderen die proberen te fungeren als bliksemafleider voor problemen tussen de ouders. Door zich extreem lastig te gedragen dwingen ze de ouders zich minder op zichzelf en hun relatie te richten. Onbewust willen deze kinderen de schuld van de moeilijkheden tussen de ouders op zich nemen. De dieperliggende gedachte of verwachting lijkt dan te zijn dat de ouders wel bij elkaar zullen blijven als ze zich gezamenlijk in moeten zetten om de moeilijkheden van en met hun kind op te lossen. Dat bleek het geval te zijn bij de jongen voor wie ik het volgende verhaal maakte.

Het ongelooflijke verhaal van de krokodil die dacht dat hij niet lief kon zijn

Ver hier vandaan, aan de rand van een reusachtig woud, dicht bij een heldere waterbron, woonde eens een jonge krokodil. Hij had een prachtig groen krokodillenlijf. Zijn poten waren sterk en zijn lange staart kon krachtige klappen maken. Hij had een grote krokodillenbek met mooie witte krokodillentanden. Zijn naam was Krook.

Zijn ouders zorgden goed voor hem, zoals alle krokodillen dat met hun jongen doen. Ze waren trots op Krook: op zijn mooie groene lijf, op zijn sterke poten en zijn krachtige staart en op zijn grote krokodillenbek met de mooie witte tanden. Ze vonden hem de krokodilste krokodil van het woud en het water. Dat maakte Krook blij.

Krook deed zijn grote krokodillenbek wijd open, zodat iedereen zijn witte krokodillentanden zag. Hij stampte met zijn sterke poten. Hij sloeg krachtig met zijn krokodillenstaart. De andere dieren vonden hem ook de krokodilste krokodil van het woud en het water. Maar als ze over hem spraken klonk er bangheid of boosheid in hun stem. Als ze Krook zagen, dan liepen ze allemaal een eindje om. Dat maakte Krook niet blij.

Op een dag lag Krook eenzaam bij het water en hij keek uit over het woud. In de verte zag hij dieren samen spelen en hij hoorde hun klaterende lach. Plotseling kwamen er tranen in zijn krokodillenogen. 'Wat heb ik aan een mooi groen lijf, sterke poten, een krachtige staart en een grote bek met witte tanden', dacht Krook, 'als niemand met me spelen wil'. Dat maakte Krook verdrietig.

Een rupsje dat op een blad vlakbij hem zat zag het. 'Wat heb jij?', vroeg het met een zijden stem. 'Niemand wil met me spelen', antwoordde Krook. 'Ze denken allemaal dat ik gemeen ben, want krokodillen zijn nooit lief'. Er biggelden twee dikke krokodillentranen over zijn groene gezicht. 'Oh', sprak het rupsje en het kroop weg. 'Zie je nou wel', dacht Krook. En dat maakte Krook nog verdrietiger.

Een vis die net uit het water omhoog keek zag het. 'Wat heb jij?', vroeg zij met een waterige stem. 'Ik ben gemeen', antwoordde Krook. 'Dat komt omdat krokodillen niet lief kunnen zijn'. Hij veegde gauw zijn tranen weg en hij sloeg geïrriteerd met zijn krachtige staart in het water. Een grote golf spoelde de vis een heel eind weg. 'Help', sputterde de vis en ze dook onder. 'Zie je nou wel', dacht Krook. En dat maakte Krook ook boos.

Een neushoorn die een slokje water wilde nemen zag het. 'Wat heb jij?', vroeg hij met een zware stem. 'Niets', antwoordde Krook. 'Ga weg, ik ben de krokodilste krokodil van het woud en het water en ik ben gemeen.' Hij stampte met zijn sterke poten op de grond. 'Pas op', antwoordde de neushoorn. En hij liep hard stampend weg. Zo hard dat de grond onder Krooks groene lijf bibberde en trilde. 'Zie je nou wel', dacht Krook. En dat maakte Krook ook bang.

Een nijlpaard dat de kant op klom voor een zonnebad zag het. 'Wat heb jij?', vroeg ze met een gaperige stem. 'Ga weg', gilde Krook. En hij sperde zijn bek gevaarlijk ver open, zodat zijn witte tanden schitterden in de zon. 'Je ziet toch wel dat ik gemeen ben, het krokodilst van allemaal!' Het nijlpaard deed van verbazing haar bek wijd open en toen met een klap weer dicht. 'Ik begrijp er niks van', zei ze. En ze draaide zich om met haar gezicht naar de zon. 'Zie je nou wel', dacht Krook. En dat maakte Krook erg eenzaam.

Een lieveheersbeestje maakte vlak bij hem een landing op de grond. 'Hallo', zei het lieveheersbeestje opgewekt. 'Wie ben jij?'. 'De krokodilste krokodil

van het woud en het water', antwoordde Krook met een diepe zucht. 'Wat is er, jij klinkt helemaal niet blij', zei het lieveheersbeestje. 'Ik wou dat ik lief kon zijn', sprak Krook. 'Maar dat kan nooit, want ik ben gemeen'. Het lieveheersbeestje keek heel verbaasd. 'Hoe kom je daar nu bij', zei ze. 'Ik heb nog nooit gehoord van iemand die niet lief kan zijn'.
'Ik kan het echt niet', antwoordde Krook. 'Ik wou dat ik een lieveheersbeestje was'. En de krokodillentranen stroomden over zijn krokodillenwangen. 'Ik wil je wel helpen', zei het lieveheersbeestje. En dat maakte dat Krook zich wat beter voelde.
Het lieveheersbeestje haastte zich weg om drie potjes met verf te halen. Een potje rode, een potje zwarte en een potje witte verf. En met een kwastje verfde ze Krook zo dat de groene krokodil op een lieveheersbeestje leek. Toen Krook zich in het spiegelende water van de bron bekeek zag hij een mooi rood lijf met zwarte stippen. Dat maakte dat hij zich weer een beetje beter voelde.
Vol vertrouwen rende hij op zijn stevige poten naar de andere dieren toe. Zijn sterke rode staart maakte ferme klappen. Zijn roodzwarte snuit sperde hij open en tussen zijn flonkerende witte tanden door riep hij: 'Nu ben ik lief en nu moeten jullie met me spelen'. De andere dieren schrokken zich een ongeluk en ze renden allemaal een eindje weg. Alleen het lieveheersbeestje, dat bleef bij hem. 'Zie je nou wel', zei Krook. En hij merkte dat hij zich heel ongelukkig voelde.
Het lieveheersbeestje kroop heel dicht naar Krook toe. Het kroop tot boven op zijn snuit en met een witte zakdoek veegde ze zijn tranen weg. De andere dieren keken van een afstandje toe. Ze hielden hun adem in. 'Pas op, kijk uit, niet doen', riepen ze allemaal. 'Hij is de krokodilste krokodil van het woud en het water. Hij is gemeen.' Maar het lieveheersbeestje ging verder en zei: 'Hij is mijn vriend'.
Dat maakte dat Krook zich verlegen voelde.
'Toch ziet hij er gemeen uit, zelfs nu hij is geschminkt als een lieveheersbeestje. Als je er zo uitziet, dan kun je nooit lief zijn', zeiden de rups, de vis, de neushoorn en het nijlpaard hardop tegen elkaar. En Krook snikte luid.
Maar het lieveheersbeestje vroeg: 'Doe jij altijd alleen maar lief, rups?'. En

de rups antwoordde verlegen dat hij vaak erg rupsig was, maar ook wel eens gemeen. 'En jij dan vis?', vroeg het lieveheersbeestje weer. En de vis vertelde dat zij meestal vissig was, maar ook wel eens gemeen. 'En jij neushoorn?', vroeg het lieveheersbeestje. En de neushoorn sputterde dat hij zich wel eens zwak voelde en dan graag geholpen werd. Het nijlpaard bekeek de krokodil eens goed. 'Hij heeft wel lieve ogen', zei ze toen. Het was lang stil. Toen zeiden de andere dieren: 'Ja dat klopt'. Krook kon zijn oren niet geloven. Zou het echt...? Hij.....? Lieve ogen....? En hij schudde vol ongeloof zijn kop. 'Toch is het zo', sprak het lieveheersbeestje en het keek hem vol warmte aan. Ze vinden mijn ogen lief, dacht Krook. En dat maakte hem weer blij.
Vanaf die dag probeerden de rups, de vis, de neushoorn en het nijlpaard ook met Krook te spelen. Iedereen begreep nu dat lief en gemeen doen niets te maken heeft met hoe je er uitziet of met wat je bent. Krook leerde van het lieveheersbeestje elke dag de spelregels van een nieuw spel dat ze samen speelden. En hij speelde altijd heel gezellig mee. Natuurlijk deed Krook nog wel eens iets gemeens. Net als de rups, de vis, de neushoorn en het nijlpaard. En wie heel goed oplette kon zelfs het lieveheersbeestje soms eventjes gemeen zien doen.
Jaren gingen zo voorbij. Over lief zijn hoefde Krook nooit meer na te denken. Hij wist dat hij heel krokodillig was, maar ook dat hij desondanks toch lief kon doen. En dat maakte Krook heel blij!

Dit verhaal werd gemaakt voor een zesjarig jongetje. Hij werd door zijn leerkracht aangemeld vanwege lastig en agressief gedrag.

Het levensverhaal

De leerkracht vertelt: 'Ik heb mijn hele doos met opvoedkundige trucs leeggehaald, maar geen enkele aanpak werkt. Ik ben ten einde raad. Ik lijk wel een politieagent en niets maar dan ook niets lijkt hem te raken'.
De ouders komen slechts na veel aarzelingen en met moeite voor een intakegesprek. Ze zijn het niet eens met de leerkracht die therapie voor hun zoon en begeleiding voor hen noodzakelijk vindt.

Ze vertellen thuis geen enkel probleem te hebben. Wel heeft hun zoon buiten het gezin met iedereen serieuze conflicten en staat hij bekend als een ruziemaker. Hierover worden zij door andere opvoeders regelmatig ter verantwoording geroepen. De ouders moeten hun zoon vaak verdedigen of door anderen geleden schade financieel compenseren. Ze vormen daardoor een front tegen de buitenwereld. Het feit dat hun enige kind zo weinig geliefd is bij anderen, raakt hen enorm. Ze beseffen dat zoveel ruzie voor hun zoon niet fijn is. Schoorvoetend willen ze hem wel naar de spelkamer laten komen. Zelf zeggen ze absoluut geen behoefte te hebben aan contacten. De weerstand van deze ouders wordt geaccepteerd. De onderlinge verhoudingen in het gezin worden met rust gelaten. Er wordt van de ouders niet geëist dat zij hun gedrag veranderen. De kans op hun medewerking lijkt zo op termijn het grootst.

De therapie

De jongen laat mij in zijn spel slechts een toeschouwer zijn. Hij speelt te midden van een puinhoop van speelgoed. Auto's botsen, dieren vechten en poppetjes slaan en schoppen elkaar. Het lijkt niet in hem op te komen iets anders met materiaal te doen dan vechten.

Uiteraard heb ik vragen over de oorzaak van dit gedrag. Waarom moet hij zich zo gedragen dat hij altijd en overal de schuld van krijgt? Op die vraag krijg ik echter vooralsnog het antwoord niet.

Als ik me inleef in zijn situatie bedenk ik dat hij de hele dag, thuis en op school, alleen maar hoort wat hij beslist zou moeten doen en wat hij niet goed doet. Dit zijn bovendien tegenstrijdige boodschappen. Het is volgens mij geen wonder dat hij nergens meer naar luistert: hij doet het toch nooit goed.

In de spelkamer gooit hij op een dag alle wilde dieren in de waterbak. Er ontstaat een hevig gevecht. Terwijl hij de vechtende dieren één voor één uit het water haalt zegt hij: 'jij bent gemeen' en gooit dan het betreffende dier ver weg. Ik zit op een afstand toe te kijken. 'Jij bent gemeen', zegt de jongen tegen een krokodil. Voordat hij hem weggooit reageer ik: 'Goh, die had toch nog niks gedaan'. 'Maar krokodillen zijn nooit lief', roept hij.

Ik vertel hem dat krokodillen hun jongen heel liefdevol verzorgen. Dat ze die in hun grote krokodillenbek heel voorzichtig naar veilige plekjes transporteren. Hij

kijkt me ongelovig aan. 'Echt niet, dat kan niet', zegt hij. Wat ik er ook tegen inbreng, hij gelooft me niet.
Zo inspireerde hij me tot een verhaal, waarin ik hem kennis liet maken met zijn eigen zachte kanten en een opening bood naar ander gedrag.

Doel

De jongen meenemen naar een fantasiewereld en deze wereld tot iets gemeenschappelijks maken.
Het contact meerwaarde geven door een verhaal dat gedeeld wordt.
Op een elegante manier correctieve feedback geven.
Laten kennismaken met andere emoties dan agressie.
Ontkrachten van de overtuiging dat uitsluitend agressie als emotie bij hem hoort.

Metafoortype

- ondersteunend;
- defensief;
- probleemoplossend.

Effect

Na het voorlezen komt hij dicht bij mij staan. Met een bewogen stem zegt hij over de doos met stenen die op mijn tafel staat: ' Die zijn prachtig. Ik heb schelpen. Een heleboel. Die spaar ik'. Het is het eerste persoonlijke waarvan hij mij rechtstreeks deelgenoot maakt.
In de speluurtjes die volgen spelen we samen zijn verhaal met kleine speelgoedjes in de zandbak na. Daarna mag ik vaker meedoen in zijn spel. Dat wat hij speelt gaat geleidelijk veranderen. De chaos verdwijnt en er wordt niet meer alleen maar gevochten.
Een paar weken later vraagt hij aan de leerkracht of zij dit verhaal voor wil lezen in de klas. Dat lijkt effect te hebben op zijn klasgenootjes, want hij wordt vaker gevraagd om mee te spelen. Zelf maakt hij ook veel minder ruzie dan voorheen.

Omdat het veel beter met hem gaat nodig ik zijn ouders uit voor een gesprek. Alleen de moeder komt. Ze vertelt dat er binnenkort een echtscheiding uitgesproken wordt. Over de reden van deze onverwachte gebeurtenis wil zij niets kwijt. Ze zegt tevreden te zijn met de situatie zoals die nu is en vertelt dat ze deze beslissing, in het belang van haar zoon, veel eerder had moeten nemen.

Loyaliteitsconflicten en meervoudige partijdigheid

Wanneer David ongeveer een jaar in therapie is heeft zijn vader hun nieuwe verblijfplaats achterhaald. Hij is David een keer onaangekondigd komen opzoeken op school en hij houdt zich regelmatig in de buurt van de woning op. Dit heeft vooral bij zijn moeder voor veel spanningen gezorgd. David laat mij weten dat hij het allemaal niet goed begrijpt. 'Papa was er. Ik kreeg een cadeau van hem. Dat mocht niet. Als ik achttien ben dan mag ik papa pas weer zien. Hij heeft gelogen, zeggen ze. Daarom.......'. Hij zegt dat hakkelend, iets wat hij op andere momenten bijna niet meer doet. Van zijn witte snuitje is verwarring af te lezen.

David houdt van allebei zijn ouders en hij wil ze geen verdriet doen. Hij mist zijn vader, maar dat kan hij eigenlijk bij niemand kwijt zonder een heleboel commotie op te roepen. Hij weet en merkt wel eens dat zijn moeder bang voor zijn vader is. Hij merkt natuurlijk ook haar boosheid en afkeuring op. Zelf denkt hij regelmatig dat zijn vader niet lief is. David vertelt mij bijvoorbeeld dat hij denkt dat zijn vader zijn hond en zijn kippetje dood heeft gemaakt of dood heeft laten gaan. Daar durft David thuis niet goed over te praten omdat hij wel weet hoe verdrietig mama en zijn zusje dan zullen zijn.
En dan zijn er nog al die duistere dingen die zijn papa vermoedelijk met hem, zijn zus en zijn moeder heeft gedaan. David is veel te bang om daar iets over te vertellen, misschien omdat hij zich schaamt of omdat hij de reactie van anderen vreest. Of misschien omdat de angst, die zelfs maar het denken daaraan bij hem oproept, te sterk is.
Kortom: David zit verstrikt in een loyaliteitsconflict waarin hij bovendien mogelijk door angst en schaamte wordt vastgehouden.

Om David te kunnen begrijpen stel ik mij voor dat voor hem zijn vader uit twee delen bestaat. Het ene deel is de vader waar David en zijn zus en moeder bang voor zijn. Dit is de vader die zich ernstig heeft misdragen en waar het gezin voor op de vlucht is. Het andere deel wordt gevormd door de vader die David zelf mist en waarvan hij houdt. Dit is de vader die van zijn zoon houdt, die hem naar school bracht en die leuke dingen met hem deed. Het moet ongelooflijk

ingewikkeld voor David zijn om hiermee om te gaan. Ik kan me bijna geen complexere taak voorstellen.
'David zit met een knoop in zijn maag', zegt zijn moeder daarover. Ze hoopt, bijgestaan door andere volwassenen, dat er via de spelkamer uit Davids mond een belastende verklaring over zijn vader komt.
'Als je aan een knoop gaat trekken raakt hij verder in de war', is mijn antwoord aan al die grote mensen die soms een beetje ongeduldig worden omdat ze willen dat David sneller 'beter' wordt.
Ik geloof dat wonden tijd nodig hebben om te helen. Daarom antwoord ik ook dat ik geloof dat de enige manier om die knoop uit elkaar te krijgen is, de warboel draadje voor draadje los te peuteren.

Net als al die andere grote mensen om hem heen ben ook ik nieuwsgierig naar wat David ooit is overkomen. Dat wat David mij tot nu toe laat zien, zijn niet meer dan losse puzzelstukjes.
Eén stukje is bijvoorbeeld het feit dat David extreem angstig reageert op het maken van foto's. De jaarlijkse schoolfotosessie loopt uit op een grote ramp, met een David die hier niet aan mee wil doen en huilend in een hoekje kruipt. David heeft het vaak over videobanden zonder dat hij kan vertellen wat er op die banden staat. Ik denk daarbij aan al zijn zwarte 'televisieschilderijen'. Vroeger werd er door vader in huis veel porno bekeken. Ik weet niet of David dat ooit heeft gezien en ik krijg daar, zelfs van moeder, ook geen duidelijkheid over. En dan is er het steeds terugkerende omzichtige gemanipuleer met de handboeien. En een héél zachtjes uitgesproken zinnetje: 'die hadden we ook .... in het oude huis', waarvan ik helemaal niet weet of en hoe het in de puzzel past.

Om David echt te helpen is het niet belangrijk of die puzzel voor mij of voor zijn opvoeders compleet wordt, maar wel voor hém. Het is dan ook nodig in het oog te houden dat het vinden van 'de waarheid' als therapeut niet mijn missie is. Ik kan en ik mag en ik wil niets forceren om de waarheid uit David los te krijgen. Ik wil hem alleen in het reine laten komen met zijn verhaal.
De politie wil de waarheid binnenkort tijdens een verhoor van David in een kindvriendelijke studio trachten te achterhalen. Ik weet dat Davids moeder

hoopt op concrete bewijzen, terwijl de kans daarop klein is. Bovendien bestaat de mogelijkheid dat, als David hierover iets laat weten, dit nietig zal worden verklaard vanwege mijn contacten met hem. Dit maakt dat ik, meer nog dan anders, voorzichtig ben in wat ik hem aanreik.

Alsof hij dat aanvoelt vraagt David in deze periode zelf helemaal niet meer om verhaaltjes. Elke week als David naar de spelkamer komt schildert hij. Hij maakt altijd televisies. Daarna rommelt hij met de handboeien en vervolgens schiet hij met de klappertjespistolen. Dit schieten vat ik op als een manier voor David om zijn boosheid te uiten zonder dat hij daarmee iemand beschuldigt. Hij kan niet anders lijkt het, want op mijn vraag waar hij de kogels op richt blijft het antwoord altijd uit. Opvallend is de volgorde van zijn handelingen die altijd hetzelfde is. Hij laat me op die manier iets belangrijks weten, maar wat?

Voor David zelf lijkt het al veel te helpen dat hij uiteindelijk zijn 'spel' met de handboeien met mij durft te delen. Hij probeert week na week, op mij en uiteindelijk ook op zichzelf, uit of hij de handboeien zonder sleutel los kan krijgen. Hij boeit mij meerdere malen en verzoekt me heel hard mijn best te doen mezelf te bevrijden. Als dat niet lukt, vraagt hij mij om hem in de boeien te slaan en probeert hij ze zelf los te maken. Uiteindelijk concludeert hij dat dit echt niet lukt. 'Als ze dicht zitten kun je er niks meer aan doen', zegt hij. 'Dat klopt', zeg ik. 'Als de boeien op slot zitten kun je jezelf niet bevrijden'. Daar laat ik het bij terwijl David me lachend en opgelucht aankijkt.
Het spel met de handboeien en de klappertjespistolen komt daarna niet meer voor.

Een diplomatieke metafoor had David kunnen helpen als niet het studioverhoor en de daarbij horende verwachtingen van moeder en de geldende regels en gebruiken mij niet hadden belemmerd in mijn handelen.
In het volgende verhaal is te lezen hoe je een taboe-onderwerp als seksueel misbruik verhuld aan de orde kunt laten komen. Het is ook een voorbeeld van hoe je als verteller meervoudige partijdigheid kunt betrachten en zo gevoelens van loyaliteit kunt respecteren.

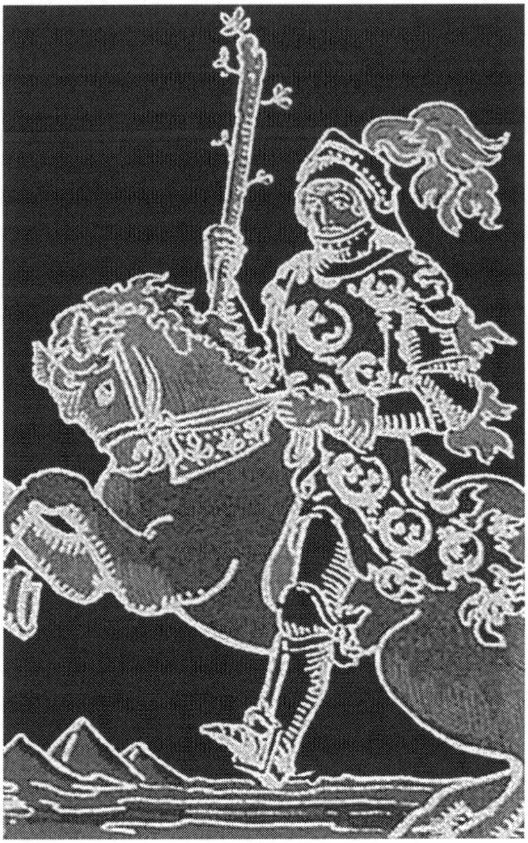

Maeglin

Maeglin

Dit verhaal komt uit de tijd toen er nog veel belangrijke verhalen verteld werden. Het is gevonden in het boek van een beroemde verhalenverteller. Dat boek lag ergens in een donker hoekje op de zolder van een oud slot. Het is geen bekend verhaal en het is bijna vergeten, want het wordt niet vaak verteld. Toch zijn er mensen die het nodig hebben. Daarom is het goed dat het bewaard is gebleven.

Dit is het verhaal van Maeglin, een jonge schildknaap. En over hoe hij ridder werd aan het hof van Koning Arthur. Maeglin is de zoon van Sindar, een smid die uiteindelijk minstreel werd. Zijn moeder heet Serindë en zijn zuster Ravenna.

Dit verhaal gaat niet over Koning Arthur en zijn beroemde ridders van de Ronde Tafel. En toch hebben zij er alles mee te maken.

Maeglin heeft niet altijd bij Koning Arthur aan het hof gewoond.

Zijn verhaal begint op een eenvoudige hoeve aan de rand van het woud. Sindar, zijn vader, werkte daar in zijn eigen smederij, terwijl Serindë zorgde dat de hoeve er van binnen en van buiten stralend uitzag.

Maeglins jeugd was niet louter gelukkig, en bijzonder bovendien. Want niet lang na Maeglins geboorte besloot Sindar de hoeve te verlaten om te doen wat zijn hart hem ingaf.

Sindar had ontdekt dat het zware, harde werk in de smidse hem niet lag. En hoewel hij jarenlang had geprobeerd smid te zijn, zoals zijn vader vóór hem en diens vader dáárvoor, voelde hij zich niet gelukkig. Terwijl Sindar zwoegde bij het vuur van de smidse was het hem, met iedere hamerslag die hij op het roodgloeiende ijzer terecht liet komen, duidelijker geworden. Hij zou nooit kunnen zijn wat zijn vader voor hem was geweest en diens vader dáárvoor.

En op een dag, terwijl hij een warm hoefijzer in de waterton liet afkoelen, wist hij dat hij zijn hart moest volgen. Dat was een zware en moeilijke beslissing. Niet lang daarna vertrok hij van de hoeve en de smidse. Hij ging op weg om de minstreel te worden die hij was en wilde zijn.

En daarom groeide Maeglin zonder zijn vader op de hoeve op en stond de smidse er vanaf die dag verlaten bij.

Serindë had natuurlijk veel verdriet dat Sindar haar verlaten had. Ze voelde zich eenzaam en bedrogen. De hoeve en de smidse leken niet meer op dat wat ze ooit voor haar betekend hadden. Ze had regelmatig grote zorgen. Want ze moest alles in haar eentje doen.
Toch kweet zij zich van haar taken zo goed zij kon. Ze probeerde voor Ravenna en Maeglin een moeder en een vader tegelijk te zijn. Ze zorgde dat er altijd voldoende te eten en te drinken was en dat haar kinderen niets tekort kwamen. Dat was voorwaar niet gemakkelijk, maar jaren later, toen Maeglin allang zijn eigen weg gevonden had, sprak men in heel het land erover hoe geweldig zij het had gedaan.
Toen hij nog jong was wist Maeglin eigenlijk niet beter dan dat de smidse een stoffig, leeg gebouw was waar nooit iets gebeurde.
Hij zag Sindar niet zo vaak, want die had het erg druk met het beoefenen van minstreelzaken.
Maeglin merkte wel hoe boos en verdrietig Serindë vaak was en hoe zwaar zij het had nu ze overal alleen voor stond.
Maeglin bedacht dat hij liever een gewone vader had, zoals de andere jongens uit het dorp. Hij wou dat Sindar smid gebleven was en als dat niet kon dan maar boer, of herbergier, of barbier, of chirurgijn, of desnoods visser.
Op een dag toen Maeglin met zijn zuster bij Sindar op bezoek was ontmoetten ze ook Molgul. Deze minstreelmeester was tijdelijk bij Sindar ingetrokken om hem verder in te wijden. Molgul wilde de twee kinderen van alles over het minstreelschap laten zien en leren. Misschien dat Maeglin wel nieuwsgierig was naar wat Molgul te bieden had, dat vertelt dit verhaal niet, dat weet alleen maar Maeglin zelf, maar Ravenna wilde er niets van weten. Ze vluchtte terug naar de hoeve en Serindë en ze nam haar jongere broertje mee.
Serindë werd woedend toen ze hoorde wat Molgul had gedaan. Ze besloot dat Sindar zijn kinderen nooit meer zou zien. Want één minstreel in haar familie vond ze meer dan genoeg.
Zo kwam het dat Maeglin verder opgroeide zonder zijn vader ooit nog echt te ontmoeten. En de smidse bleef een stoffig, leeg gebouw, waar eigenlijk nooit iets gebeurde.

Maeglin groeide op tot een gezonde krachtige jongeling met een grote droom. Ridder worden aan het hof van Koning Arthur, dat was wat Maeglin in het diepst van zijn hart het allerliefste wou.
Hij probeerde zo min mogelijk aan Sindar, zijn vader, te denken. Maar soms als er een circus door het land trok, of als er grote festiviteiten waren, ving hij wel eens een blik op van Sindar de Minstreel. Het maakte Maeglin nieuwsgierig, maar het zorgde ook dat hij zich beschaamd en ongemakkelijk ging voelen. Want als hij Sindar de Minstreel zag, zijn váder, dan brak zijn droom in duizend kleine stukjes.
En als hij Serindë of Ravenna wrokkig over minstrelen hoorde spreken dan kwamen daar nog duizend kleine scherven bij.
Want de zoon van een minstreel kan nooit een goede ridder worden, dat was wat Maeglin heilig geloofde. Dat maakte dat Maeglin zich ongelukkig voelde en verward en boos van binnen. En dat zorgde ervoor dat Maeglin zich ongelukkig en verward en boos ging gedragen. Hij deed soms gekker en brutaler dan een hofnar. Hij schold, trok gekke bekken en liet anderen schrikken door ze onverwacht in hun vel te prikken. Nee, Maeglin was niet altijd prettig gezelschap voor wie hem niet goed kende in die tijd. En net zoals dat met hofnarren ook altijd gebeurt, werd hij er scherper en eenzamer door. En daardoor kon het gebeuren dat Maeglin in zijn eentje in de stoffige lege smidse zat, waar zelden iets gebeurde, en stilletjes dacht aan zijn grote droom: ridder worden aan het hof van Koning Arthur. En alleen daar op die plek viel die droom niet in duizend stukjes uit elkaar.
Op een koude winterdag besloot Maeglin het vuur in de haard aan te steken. Terwijl hij zich warmde aan de vlammen droomde hij over het ridderschap. Zijn blik viel daarbij op een oud, maar half afgesmeed zwaard. En voor hij het goed en wel in de gaten had stond Maeglin aan het aambeeld en maakte hij met hamerslagen het wapen verder af. Toen het klaar was probeerde hij het uit. Het lag prettig in zijn hand en het voelde krachtig. Oh, wat zou het geweldig zijn om ridder te mogen worden aan het hof bij Koning Arthur, dacht hij. En daar in de smidse koesterde Maeglin zijn allerliefste droom.

Maar 's avond aan de eettafel viel zijn droom in duizend stukjes toen hij Serindë en Ravenna over minstrelen hoorde praten. Toen hij de week erna een rondtrekkende groep artiesten en een minstreel zag, kwamen er nog duizend scherven bij.
Nee, een ridder zou hij nooit kunnen worden, omdat hij de zoon van een minstreel was. Dat was wat Maeglin heilig geloofde. Dat maakte dat hij zich ongelukkig voelde en dat hij voor de mensen die hem niet goed kenden geen prettig gezelschap was. Hij ging vaker naar de smidse waar hij bij de warmte van het vuur werkte aan een wapenschild.
Terwijl Maeglin de hamer met ferme klappen op het wapenschild terecht liet komen leek het wel of het roodgloeiende ijzer tegen hem sprak. Met een stem zo krachtig, helder en zuiver dat Maeglin werd geraakt tot in het diepste van zijn ziel. Hij besefte meteen dat dit een heel belangrijke boodschap was.
Dit is wat Maeglin hoorde:
'Je bent wie jij bent en dat is goed zoals het is.
Jij bent bijzonder, want van jou is er maar één.
Niemand kan zijn wie jij bent, jij hoeft niet te zijn wat een ander is.
Je mag zijn wie je bent en je kunt worden wie je wilt zijn, als je doet wat je hart je ingeeft.'

Daar, in de lege smidse, aan het vuur waar zijn vader vóór hem op het roodgloeiende ijzer had geslagen en waar diens voorvaderen dáárvoor weer hetzelfde hadden gedaan, besefte Maeglin dat hij zijn hart kon volgen en dat hij dan zou worden wie hij graag wilde zijn. En hij nam een belangrijk en moedig besluit.
Zo gebeurde het dat hij de smidse en de hoeve verliet om aan het hof van Koning Arthur zijn diensten als schildknaap aan te bieden.
Jaren van oefening en training gingen voorbij. Het was niet altijd eenvoudig en het ging natuurlijk ook niet vanzelf. Uiteindelijk werd Maeglin een kundige en bezielde ridder, die een eigen plek aan Koning Arthurs ronde tafel kreeg. Hij voelde zich tevreden, gelukkig en krachtig. Als een van de schildknapen of jongere ridders vroeg hoe hij zo geworden was, dan ver-

telde hij het verhaal van het vuur in de smidse, van het roodgloeiende ijzer en de wijsheid die hij van zijn voorvaderen kreeg.
En iedere luisteraar kon horen hoe een jongeman kan worden wie hij is en wat hij graag wil zijn, als hij de moed vindt om zijn hart te volgen.

Dit verhaal werd geschreven voor een elfjarige jongen met gedragsproblemen. De jongen gedroeg zich, op een seksueel getinte manier, grensoverschrijdend in het verbale en fysieke contact met kinderen en vrouwen. Hij was niet in staat zich emotioneel te uiten.

Het levensverhaal

Vlak na de geboorte van deze jongen kwam zijn vader uit voor zijn homoseksualiteit. Ondanks therapie slaagden de ouders er niet in samen met dat gegeven om te gaan. Vóórdat de jongen een jaar oud was scheidden de ouders. Vader verhuisde en ging samen wonen met een vriend. De jongen en zijn oudere zus bezochten hen om het weekend. Aan die bezoekregeling kwam abrupt een einde toen het zusje de vriend van vader beschuldigde van seksueel misbruik van haar broertje. Moeder kan sinds die tijd niet anders meer dan haar ex-man voortdurend zwart maken ten overstaan van haar kinderen.

De therapie

In de spelkamer speelt de jongen vaak iets over Koning Arthur en diens ridders. In zijn spelverhaal laat hij zijn wens zien een 'gewone' jongen te zijn met een 'gewone' toekomst, waarin een vrouw en kinderen een belangrijke plaats innemen. In dit spelverhaal komt geen enkele beweging. Ook de ouderbegeleider loopt vast in het contact met de moeder, die haar wrok en boosheid maar niet los kan laten.
Ik besluit een metafoor voor hem te maken.

Doel

Een verhaal geven dat een gevoel van (h)erkenning en 'tweezaamheid' oproept.
De echtscheiding, de homoseksualiteit en het mogelijke misbruik bespreekbaar maken.
Corrigerende feedback geven aan zowel het kind als de opvoeder.

Ontkrachten van de overtuiging dat homoseksuelen slechte mensen zijn.
Een tegengesteld beeld van de vader schetsen.

Metafoortype

- ondersteunend;
- diplomatiek;
- defensief;
- probleemoplossend.

Effect

De jongen hoort het verhaal uiterlijk onbewogen aan. Terwijl ik het hem voorlees leest zijn moeder het in de wachtruimte. Haar reactie als we elkaar weer ontmoeten: 'Dat is een heel mooi verhaal, ik snap precies waarom jij dat voor mijn zoon geschreven hebt'.

In de spelkamer leert de jongen vervolgens openlijk over (homo)seksualiteit te praten. Veel van zijn vragen en angsten, die de grondslag lijken voor zijn treiterende gedrag, worden duidelijk. De gedragsproblemen verminderen.

Uiteindelijk ontstaat de behoefte aan contact met lotgenoten. Maar omdat zijn moeders eigen wonden nog niet goed zijn genezen, kan zij haar gekwetstheid nog niet zover opzij zetten om de jongen dit toe te kunnen staan.

Dat de jongen blij is met het verhaal blijkt wanneer ik van zijn leerkracht hoor dat hij op school spontaan wat klasgenoten heeft ingelicht over de seksuele geaardheid van zijn vader. Maanden later vraagt hij of het raar is om dit verhaal op school voor te lezen. Uiteindelijk durft hij dat niet.

Rouw om de echtscheiding

David is anderhalf jaar in therapie. Het politieverhoor in de kindvriendelijke studio is achter de rug zonder dat echt duidelijk is geworden wat David daadwerkelijk is overkomen. David heeft alleen verteld dat vader hem aanraakte op plekken waar hij dat niet prettig vond.
Er breekt voor zijn moeder een spannende tijd aan. Zij hoopt dat er nu voldoende bewijzen zijn voor de misdaden van vader ten opzichte van de kinderen. Ze hoopt ook dat vader daarvoor een gepaste straf ontvangt. En ze hoopt, vooral door haar eigen angst gedreven, dat het contact tussen hem en de kinderen blijvend zal mogen worden verbroken.

In de spelkamer speelt David een beetje. Sinds hij de gouden verf heeft ontdekt, wordt alles wat hij aanraakt goud. Grote vellen schilderpapier en alle knikkers die hij van klei heeft gemaakt. David houdt van klei en hij vindt chenilledraad geweldig. Het leukste van dit alles vindt hij het dat ik de door hem bedachte beesten en poppetjes boetseer of ze in elkaar zet. Hij schildert die figuren dan goud. Het is ongelooflijk belangrijk voor David om die figuren mee naar huis te kunnen nemen.

David vraagt mij altijd om families te boetseren die net zo groot zijn als zijn eigen gezin. Een vader, een moeder en twee kinderen. Het zijn schildpadfamilies, konijnenfamilies, zeehondenfamilies, spinnenfamilies en paardenfamilies. Ik vat die verzoeken van David op als een manier om mij te laten weten dat hij ergens diep van binnen de hoop koestert dat zijn ouders weer bij elkaar zullen komen en dat het gezin weer compleet zal zijn.
De meeste kinderen van gescheiden ouders koesteren trouwens net als David deze wens.
Het is een lastige klus om de zeer waarschijnlijke verwachting dat dit nu en in de toekomst niet zal gebeuren, te kunnen aanvaarden. Het gaat gepaard met gevoelens van rouw.
De rechter bepaalt dat David, onder toezicht en begeleiding, zijn vader af en toe zal ontmoeten. Dat bevestigt David in zijn stille droom.

David schept elke week momenten om zijn hoop met mij te delen door mij te vragen nog meer families te maken. Terwijl ik dat doe, verzin ik hardop hoe fijn het is om allemaal bij elkaar te zijn en ik vertel er altijd bij dat dit niet voor iedereen mogelijk is.
In deze periode gaat David weer vaak op de zitzak of op de schommel zitten en hij vraagt opnieuw verhaaltjes. Die verhaaltjes zoekt hij zelf uit in een sprookjesboek[1]. Zijn keuzes sluiten aan bij de thema's die hem nu bezighouden, bijvoorbeeld Klein Duimpje en Hans en Grietje: sprookjes die gaan over van huis weggestuurd worden, de weg kwijt raken en zonder je ouders zijn.

Hoewel het heerlijk is dat sprookjes een goede afloop hebben, kan een op maat gemaakt verhaal soms beter helpen om de realiteit onder ogen te zien.
Een ouder verliezen behoort tot de meest traumatische zaken die een kind kunnen overkomen. Een dergelijk verlies ontstaat in de eerste plaats als een van de ouders overlijdt.
Ook een echtscheiding kan sterke verliesgevoelens met zich meebrengen omdat in de praktijk één van de ouders, in ieder geval voor grote delen van het dagelijks leven, uit het blikveld van het kind verdwijnt. De wereld van het kind stort in elkaar als de ouders gaan scheiden. Het kind kan last krijgen van loyaliteitsconflicten, schuld- en rouwgevoelens. Dikwijls ontwikkelt zich angst om verlaten te worden. Brigitte Spangenberg schreef het boek 'De koning trok uit om de draak te doden' met sprookjes voor kinderen van gescheiden ouders (Spangenberg 1996). In haar boek laat ze zien hoe op maat gemaakte sprookjes kunnen worden aangepast voor andere gezinssituaties. Dat is precies wat ik met het verhaal 'Jolande en de blauwe bloemen' uit dat boek gedaan heb, waardoor het de basis werd voor het volgende verhaal.

1 Doel: door het kind bespreekbaar maken van moeilijk definieerbare onderwerpen, een in zijn beleving vastgelopen redenering voortzetten als een reactie op mijn op de realiteit gerichte commentaar. Metafoortype: kader-metafoor, ondersteunende metafoor, oversprong-metafoor.

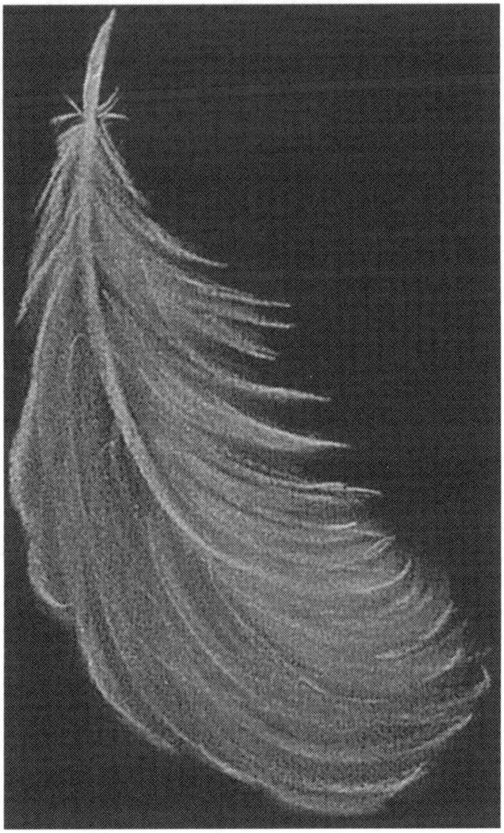

Donsveertje

Donsveertje

Er was eens een indianenmeisje dat de naam Donsveertje droeg. Ze leefde gelukkig en tevreden met haar ouders in een indianendorp. Net als Donsveertjes moeder waren ze lid van de Ravenstam.
Donsveertjes moeder heette Verenkleed. Zij was de stammoeder, ze zorgde voor alle indianen in het Ravendorp. Verenkleed had ook nog twee zonen: Gebroken Vleugel en Verentooi. Ze hadden allebei een andere vader en ze woonden beiden niet meer in het Ravendorp. Donsveertje zag ze niet zo vaak.
Donsveertjes vader droeg de naam Gekruiste Snavel, hij was van een andere stam, maar omdat hij getrouwd was met Verenkleed behoorde hij nu ook tot de Raven. Hij ging er veel op uit op zijn paard om buiten het dorp te kijken waar de buffels zich ophielden en hoe het met andere buurstammen ging.
Donsveertje hielp haar moeder waar ze kon, het liefst van alles zocht ze vogelveren waar Verenkleed mooie dingen van kon maken.
Ze miste haar vader als hij op pad was en ze was dolblij als hij na zijn reizen weer in hun wigwam zat. Soms kroop ze bij Gekruiste Snavel op schoot, soms liet ze hem zien wat ze allemaal geleerd had terwijl hij weg was.
Donsveertje, Verenkleed en Gekruiste Snavel leefden heel gezellig met elkaar. Uit hun wigwam klonk altijd gezang en gelach. Ze waren allemaal tevreden. Donsveertje was het gelukkigste indianenmeisje dat er ooit in Ravendorp was geweest. Sommige mensen zeiden zelfs dat ze het gelukkigste kind van de hele wereld was. Donsveertje had zich geen mooier leven kunnen wensen.
Maar op een dag sloop ontevredenheid het Ravendorp binnen. Het nestelde zich in de wigwam van Verenkleed en Gekruiste Snavel en niemand wist wie die ontevredenheid had binnengelaten.
Donsveertje hoorde hoe Verenkleed en Gekruiste Snavel ruzie maakten. In plaats van blij te zijn dat Gekruiste Snavel weer van zijn reizen terug was gekomen, verweet Verenkleed hem dat hij veel te vaak op reis was en dat ze niet genoeg met hem kon praten. Gekruiste Snavel werd stil en mopperig. Hij gaf Verenkleed nooit meer complimentjes, zoals hij tot dan toe altijd gedaan had. Er klonk geen gelach en gezang meer uit hun wigwam,

maar ruzie en geschreeuw.
Ook Donsveertje zong en lachte niet meer, maar ze werd van dag tot dag stiller en meer bedrukt.
Op een nacht werd Donsveertje wakker van een verschrikkelijk kabaal. Bevend van angst zat ze op haar slaapmat te luisteren. Verenkleed en Gekruiste Snavel maakten ruzie zoals ze nog nooit eerder gedaan hadden. Eerst kon Donsveertje niet horen wat ze zeiden, maar ten slotte verstond ze een paar zinnen.
'Dan ga je toch naar je eigen stam, als die van mij je niet meer bevalt', schreeuwde Verenkleed.
'Daar kun je op rekenen' brulde Gekruiste Snavel terug.
Donsveertje trok haar deken over haar hoofd en wilde dat ze niets had gehoord. Die nacht lag ze te huilen en ze viel pas tegen de dageraad in slaap.
Toen ze wakker werd was het net alsof er een boze toverspreuk over Ravendorp en de wigwam was uitgesproken. Het was doodstil en het leek wel of het er helemaal uitgestorven was. De andere Ravenmensen en Ravenkinderen die Donsveertje op haar ochtendwandelingetje tegenkwam keken allemaal naar de grond en murmelden: 'Goedemorgen'. Alleen de oude medicijnman, die net wat kruiden stond te plukken, streek zachtjes over haar hoofd en fluisterde: 'Arm veertje'.
Donsveertje werd steeds banger en ging op zoek naar haar moeder. Ze vond haar bij het beekje en rende op haar af.
'Wat is er toch gebeurd?' vroeg Donsveertje. 'Waar is Gekruiste Snavel, mijn vader? Waarom is het hier zo stil?'
Verenkleed antwoordde: 'Gekruiste Snavel is weggegaan, terug naar de mensen van zijn eigen stam. Wij blijven hier in het Ravendorp'.
'Maar waarom dan toch? Gekruiste Snavel was toen jullie trouwden toch ook een Raaf geworden. Waarom is hij dat nu niet meer? Waarom moet hij terug naar zijn eigen stam?'
Daar gaf Verenkleed geen echt antwoord op. Ze murmelde alleen: 'Het is beter zo' en toen draaide ze zich om. Donsveertje zag dat haar schouders schokten van het huilen.
Er brak een treurige tijd aan.

Donsveertje woonde met haar moeder in de grote wigwam in het Ravendorp. Verenkleed had nog maar weinig tijd, omdat ze naast haar eigen taken ook nog die van Gekruiste Snavel moest vervullen.
Donsveertje zag haar vader bijna nooit en miste hem verschrikkelijk. Van tijd tot tijd kwam hij langs en dan nam hij haar mee naar zijn nieuwe wigwam in het dorp van de Buurstam. Donsveertje moest er wennen, ze vond het helemaal niet fijn, maar Gekruiste Snavel zei: 'Het is hier prima, je went wel. Als je wilt kun je ook hier komen wonen, je hoeft niet terug naar het Ravendorp.'
Iedere keer als Gekruiste Snavel Donsveertje naar Ravendorp terugbracht wierpen hij en Verenkleed boze blikken naar elkaar. Soms maakten ze ook ruzie, maar zelfs zonder woorden voelde Donsveertje hun vijandigheid. Ze dacht dat die boosheid door haar kwam, omdat Gekruiste Snavel wilde dat ze in het Buurdorp kwam wonen en omdat Verenkleed haar misschien ook niet meer graag in Ravendorp zag.
Donsveertje werd triest van die ontmoetingen, ze probeerde vaak net te doen alsof er helemaal niets aan de hand was. Ze lachte onecht en haalde gekke streken uit, ze hoopte gewoon dat haar vader en moeder minder boos zouden kijken. Maar Donsveertje voelde zich bijna altijd verdrietig en voortdurend vreselijk alleen. Dikwijls zat ze in de oude kersenboom te dromen over vroeger, toen er nog maar één indianendorp was.
Het werd nog ingewikkelder voor Donsveertje toen Verenkleed een nieuwe man koos en Gekruiste Snavel een nieuwe vrouw.
De nieuwe man van Verenkleed heette Blauwe Vlam en Donsveertje vond hem best aardig. Maar hij zat en at en sliep wel op haar vaders plaats in de wigwam en hij was veel met Verenkleed in gesprek. Het leek soms alsof Verenkleed nog minder tijd voor haar over had.
Donsveertje vroeg zich af of Verenkleed niet liever wilde dat ook zij, net als haar broers Gebroken Vleugel en Verentooi, ergens anders ging wonen. Maar ze vroeg dat haar moeder niet, omdat ze bang was voor wat ze dan zou horen.
Gekruiste Snavels vrouw heette Staat Stevig. Donsveertje kende haar nog van vroeger. Staat Stevig deed altijd haar best het gezellig te maken als ze bij

haar vader op bezoek was. Ze wist, nog van vroeger en van haar eigen kinderen, ook waar ze Donsveertje voor eventjes heel erg blij mee kon maken.
'Je kunt best hier komen wonen in Buurdorp', zei Staat Stevig vaak. 'Jouw vader en ik zouden dat prettig vinden'.
Donsveertje vond dat wel fijn om te horen. Maar ze wist niet of ze dat wel wilde, want het bleef zo dat Staat Stevig toch niet haar échte moeder was.
Donsveertje wist niet meer wat ze moest doen. Ze hield veel van haar vader en als ze bij hem in zijn wigwam in Buurdorp ging wonen had hij vast veel tijd voor haar. Maar ze hield ook veel van haar moeder en ze wist dat ze haar ontzettend missen zou als ze vertrok uit Ravendorp.
Waarom was het zo moeilijk om van hen allebei tegelijk te houden?
Er verstreek een hele tijd:
Verenkleed leefde nu gelukkig samen met Blauwe Vlam. Donsveertje woonde in Ravendorp en ze had het daar niet slecht.
Gekruiste Snavel leefde nu gelukkig met Staat Stevig. Donsveertje kwam regelmatig op bezoek en dat was best gezellig.
Maar Donsveertje bleef hopen en wachten en dromen. Haar hart werd zo zwaar als lood en er stonden vaak tranen in haar ogen. Soms zat ze stilletjes in de oude kersenboom te huilen. Ze wist dat elke dag het moment naderbij kwam dat ze zelf een keuze moest maken. Het was namelijk de gewoonte dat de kinderen uit Ravendorp op hun tiende verjaardag aan iedereen lieten weten waar ze gingen wonen als hun ouders niet meer dezelfde wigwam deelden. Donsveertje vond die keus zo ingewikkeld dat een wigwam helemaal voor haar alleen, op het stilste en meest afgelegen plekje van de vallei, het enige was wat ze nog wilde. Maar als ze daaraan dacht, dan voelde ze zich zo eenzaam dat ze ervan moest huilen.
Op een dag hoorde ze onder uit de kersenboom een stem:
'Donsveertje, indianenkind, waarom huil je zo?'
Donsveertje keek naar beneden en zag de oude medicijnman. Toen barstte ze los over alles wat ze al die tijd had opgekropt.
'Niemand houdt meer van mij,' riep ze vertwijfeld uit, 'mijn moeder houdt van Blauwe Vlam. Mijn vader houdt van Staat Stevig.'
'Donsveertje', zei de medicijnman en hij aaide troostend over haar haren,

'jouw ouders houden van jou. Zelfs nu ze niet meer samen een wigwam delen en allebei een nieuwe partner hebben gevonden. Jij hebt de grootste plek in hun harten en niemand anders kan die verdrijven.'

'Maar dat is niet waar. Hoe zit het dan met Gebroken Vleugel en Verentooi? En Staat Stevig heeft zelf toch ook kinderen', snikte Donsveertje. 'Niemand houdt er meer van mij. Ik ga weg! Ik wil een wigwam voor mezelf en misschien een paar van mijn vriendinnetjes. Ze zullen mij vergeten in Ravendorp én in Buurdorp.'

'Als dat is waar je zo bang voor bent', antwoordde de medicijnman en hij schudde nadenkend met zijn hoofd, 'heb ik wel iets wat je kan helpen. Het zal niet al je verdriet wegnemen en het zal er ook niet voor zorgen dat jouw ouders hun wigwam weer met elkaar gaan delen. Maar het kan je wel helpen niet meer zo bang te zijn. Kom maar eens met me mee!'

Donsveertje liep met hem mee de vallei in, naar een schaduwplekje onder een hazelnotenboom waar heel veel kleine blauwe bloemetjes groeiden.

'Deze bloempjes heten vergeet-mij-nietjes', zei de medicijnman, 'en het zijn precies de bloemetjes die jij en je ouders nodig hebben. Ik zal er een paar voor jou in een pot doen, zodat je nooit meer vergeet dat er een heleboel mensen zijn die van je houden.

Ik zal Verenkleed er ook een paar geven en ik zal haar zeggen wat ze niet vergeten mag. Ook Gekruiste Snavel zal ik een paar van deze bloempjes brengen en ook hem zal ik zeggen wat hij niet vergeten mag.

Zo ga nu maar weer naar huis, zorg goed voor je bloemen en let maar eens op wat er gaat gebeuren.'

Donsveertje liep naar huis en nam de blauwe bloemetjes mee. Ze zette het potje bij haar slaapmat in de wigwam en ze keek naar de bloemetjes. Zo zat ze een hele tijd, tot het avond werd. Toen het bijna donker was geworden kwamen Verenkleed en Gekruiste Snavel samen binnen. Achter hen aan kwamen Blauwe Vlam en Staat Stevig, maar zij bleven bij de vuurplaats staan.

Verenkleed en Gekruiste Snavel hadden allebei een pot met blauwe bloemetjes in hun handen Donsveertje keek ze verbaasd aan en voelde ineens een sprankje hoop in zich opkomen.

'Nee,' zei Verenkleed, die haar gedachten van haar gezicht kon aflezen, 'je vader en ik zullen onze wigwam niet meer met elkaar delen. Hij houdt die van hem in Buurdorp en ik houd die van mij in Ravendorp. Maar door al dat geruzie vergaten we iets belangrijks: we vergaten dat we op jou moesten letten en dat we ervoor moesten zorgen dat het goed met jou gaat. Vandaag hebben we deze blauwe bloemetjes van de medicijnman gekregen en daardoor wisten we het weer. Donsveertje, ik wil tegen je zeggen dat het me spijt. Van nu af aan zal ik meer rekening met je houden en meer tijd voor je vrijmaken.'

'Ook ik heb er spijt van, Donsveertje,' zei Gekruiste Snavel, 'en ik zal beter op je letten. Van nu af aan zal ik meer tijd vrijmaken voor jou alleen, zodat je nooit vergeet dat je mijn kind bent en blijft.'

'Ik wil geen ruzie meer met je vader maken over waar jij moet wonen. We zoeken samen naar een oplossing,' zei Verenkleed. En op hetzelfde moment zei Gekruiste Snavel ook: 'Ik wil geen ruzie meer met je moeder maken over waar jij moet wonen. We zoeken samen wel naar een oplossing.'

Verenkleed en Gekruiste Snavel keken elkaar voor het eerst sinds lange tijd aan en begonnen te lachen. Blauwe Vlam en Staat Stevig knikten vanaf hun plek bij de vuurplaats instemmend naar elkaar.

Donsveertje keek van de een naar de ander en lachte toen heel hard met haar ouders mee.

'En ik,' zei Donsveertje, 'zal nooit meer vergeten dat jullie van mij houden.'

Zo kwam het dat het indianenmeisje dat Donsveertje heette, thuis was in twee wigwams. Ze had liever maar één huis gehad, maar ze was niet meer zo verdrietig.

Op donkere dagen, als ze het allemaal niet meer zo goed wist en toch weer een beetje bang werd, hoefde ze alleen maar naar de blauwe bloemetjes naast haar slaapmat te kijken. En dan wist ze het weer.

'Donsveertje' is geschreven voor een negenjarig meisje. Haar school heeft haar naar mij verwezen vanwege slechte schoolprestaties en zeer onecht, lastig gedrag. De school vraagt zich af of een poliklinische behandeling zal volstaan en denkt meer aan naschoolse opvang of zelfs uithuisplaatsing.

Het levensverhaal

De ouders van het meisje zijn kort geleden gescheiden. Beiden wonen samen met een andere partner maar de strijd tussen de ouders wordt na de scheiding net zo hevig voortgezet als voorheen.

Er zijn uit verschillende vorige huwelijken van haar moeder twee halfbroers. De moeder heeft om uiteenlopende redenen besloten met beide jongens het contact grotendeels te verbreken. Hoewel de reden voor die beslissing wel begrijpelijk is vanuit het standpunt van de moeder maakt het de echtscheiding voor het meisje tot een zeer beangstigende gebeurtenis. Hevige verlatingsangst steekt in verhulde vorm de kop op.

De therapie

In ons eerste contact vertelt het meisje mij dat ze droomt van een wigwam waarin ze helemaal alleen wil wonen. Haar spelactiviteiten doen theatraal aan en in haar spelverhaal is geen enkele ontwikkeling. Het laat mij vooral zien hoe verstrikt ze zich voelt en hoe vastgelopen de situatie is. Ook de gesprekken met beide ouders en hun nieuwe partners lopen vast.

Het verhaal is geschreven vanuit mijn wens om het meisje te laten weten dat de diepere drijfveren van haar angst gehoord en begrepen worden. Om dit ook aan haar omgeving duidelijk te maken krijgen beide ouders dezelfde versie van het boek.

Doel

Ontkrachten van de overtuiging dat de ouders mogelijk weer bij elkaar komen en dat dit de enige manier is waarop het kind weer gelukkig kan worden. Richting geven aan complexe gedragingen van de ouders en hun partners. Ongewenst gedrag corrigeren.

Metafoortype

- 'operating metaphor';
- probleemoplossend;
- defensief.

Effect

Het problematische gedrag van het meisje op school verdween. De ouders waren bereid om gevieren een mediatiegesprek aan te gaan en te zoeken naar oplossingen voor hun conflicten.

7 Veranderingsfase van de therapie

Nieuw gedrag

David heeft gipsverband ontdekt. Hij vindt het nog steeds geweldig als ik iets voor hem maak. Ik maak op verzoek Schildpad en Konijn. 'Maak je ook een vader schildpad?', vraagt David. Natuurlijk doe ik dat. Die beeldjes helpen David om vorm te geven aan dat wat hij met zijn vader had en heeft. Hij geniet ervan de schildpadden dicht bij elkaar te zetten of ze samen spelletjes te laten doen.
Het spelen met deze figuren laat ook zien wat in het contact met zijn vader akelig en angstig voor David is geweest. Als ik suggereer dat de schildpadden samen video gaan kijken loopt David weg. 'Samen video kijken is niet fijn', zeg ik. 'Nee', zegt David. Hij pakt een babyfles en gaat op de schommel zitten. Al schommelend zoekt hij sprookjes uit[1].

David kiest De wolf en de zeven geitjes. En Roodkapje. Door de keuze voor die sprookjes laat hij mij iets van zijn persoonlijke belevingen zien. Ik ga ervan uit dat zijn eigen vroegere ervaringen zijn reacties tijdens het vertellen van de sprookjes kleuren. Soms stopt David tijdens het voorlezen met schommelen. Het lijkt of hij op deze manier de passages die hij heel spannend of belangrijk vindt extra goed in zich op wil nemen.
De angst voor de wolf en de boosheid over het onrecht dat in deze verhalen de jonge geitjes en Roodkapje wordt aangedaan kunnen we zo samen delen. De

1 Doel: het kind gebruikt het verhaal om een in de letterlijke taal vastgelopen redenering voort te zetten, waar andere communicatievormen tekortschieten.
Metafoortype: oversprong-metafoor, ondersteunende metafoor.

wroeging over het ongehoorzaam zijn tegenover moeder wordt door de verhaaltjes iets gezamenlijks.
Het delen van deze gevoelens helpt David stapje voor stapje zich beter te voelen.

Dat David, nu hij op zijn eigen manier zijn verhaal deelt, zich zekerder en sterker voelt merken ze op school aan hem en ook thuis. Het gaat beter met hem op alle fronten. Het hakkelen en stotteren is verdwenen. De slaapproblemen zijn opgelost. David vertelt weer spontaan wat hem dwarszit of bezighoudt. Hij speelt mee met klasgenootjes en hij kan zich al wat beter op schoolse taken concentreren. Hij is meestal blij en vrolijk en hij kan zichtbaar genieten van allerlei kleine dingen.

David is lang in bescherming genomen en er zijn weinig eisen aan hem gesteld en daar was ook reden voor. Nu hij echter sterker is, wordt het belangrijk dat hij zich zelfstandiger leert gedragen. Door te ervaren dat hij op veel fronten capaciteiten heeft, zal zijn zelfvertrouwen groeien en zijn zelfbeeld verstevigen. In de spelkamer richt ik me daarom meer en meer op samen dingen doen én ik moedig David aan om zelf dingen te maken. David laat zien dat hij dit moeilijk vindt. De figuurtjes van gips en klei worden niet altijd meteen zo mooi als hij graag wil. David geeft snel op en hij probeert altijd of ik het niet voor hem af wil maken. Hij spiegelt zijn eigen prestaties te veel aan de dingen die ik eerder voor hem maakte en hij vindt zichzelf maar dom.
Een verhaaltje[1] dat ik verzin over een kleine zeehond helpt hem over zijn angst om te falen heen.

Kleine Zeehond

> Kleine Zeehond wilde graag zwemmen in de grote oceaan. Maar elke keer als Moeder Zeehond de kleine baai uitzwemt denkt Kleine Zeehond: 'Dat kan ik niet, ik zal verdrinken'.

1 Doel: de belemmerende gedachte dat het kind de dingen niet goed (genoeg) of niet zelf kan opruimen.
Metafoortype: probleemoplossende metafoor, hulpbron-metafoor.

'Kom nou', roept zijn moeder. 'Ga dan' roepen de andere grote zeehonden.
Maar steeds als hij op het randje is wordt Kleine Zeehond bang. Hij zwemt terug naar de baai en kruipt op een rots om zich te laten warmen door de zon. Dan voelt hij zich wel een beetje dom en dan neemt hij zich voor het de volgende dag opnieuw te proberen.
Dagen en dagen gaan zo voorbij. Kleine Zeehond wil zo graag zwemmen in de grote oceaan, maar hij durft niet.
Op een dag komt er een reusachtige walvis voorbij, precies op het moment dat Kleine Zeehond op het randje van de baai in het water ligt te spartelen. 'Jij wilt heel graag in de oceaan zwemmen', zegt de walvis. 'Maar je durft nog niet goed. Geeft niet hoor', zegt de walvis. 'Dat heb ik ook gehad. Zal ik je helpen?'. Kleine Zeehond knikt. 'Probeer maar gewoon eerst met het puntje van een vin', zegt walvis. 'Ik zal je tegenhouden'.
En zo gebeurt het. Kleine Zeehond probeert het, elke dag een beetje verder. Tot hij op het laatst helemaal in de grote oceaan ligt en gewoon goed zwemmen kan. Net zo goed en net zo hard als Moeder Zeehond. En uiteindelijk duikt hij dieper dan de walvis.

David laat zien dat hij het verhaal begrepen heeft door vanaf nu instructies te willen ontvangen over hoe hij zelf dingen maken kan. Hij gaat op zoek naar nieuwe spelletjes en hij geniet ervan die uit te proberen.
Het vinden van eigenheid, je niet te veel spiegelen aan een ander, is een ontwikkelingstaak voor elk kind. Het volgende verhaal gaat daar dan ook over.

Leopold en Leonard

Leopold en Leonard

Er waren eens een man en een vrouw die samen in een boshuisje woonden. Bij de poort van hun tuin stonden twee stenen leeuwen. De leeuwen waren elkaars spiegelbeeld, maar verder leken die leeuwen heel erg op elkaar. De man en de vrouw vonden de leeuwen erg mooi en ze waren er trots op dat die leeuwen bij de poort van hun huisje stonden.
Op een dag werd er bij die man en die vrouw een tweeling geboren. Het waren twee jongens die, net als de leeuwen, als twee druppels water op elkaar leken. Daarom noemden de man en de vrouw ze Leopold en Leonard. De jonge vader en moeder waren razend druk met het verzorgen van hun zoons. Want kinderen zijn niet van steen, die hebben eten, drinken, schone kleren en veel aandacht nodig. En omdat Leopold en Leonard met z'n tweetjes waren kostte hun dat ook dubbel tijd. Toch waren ze heel erg blij met de twee jongens. Ze vonden ze mooi en sterk en lief en goed. Ze waren nog trotser op de jongens dan op de leeuwen.
Als Leopold en Leonard elkaar aankeken, was het net of ze in een spiegel keken. Zoveel leken ze aan de buitenkant op elkaar. Ze waren altijd samen. 'Nooit zullen wij uiteengaan', spraken ze vaak. 'Want wij horen bij elkaar zoals de leeuwen bij de tuinpoort'.
Samen waren de jongens niet vaak bang. Ze gingen vaak naar het bos om samen paddenstoelen of bosbessen te plukken. Ze kenden bijna alle dieren en de dieren kenden hen. En als er toch iets spannends gebeurde, bijvoorbeeld als het donker werd en ze de weg niet goed meer konden vinden, of als ze vreemde dieren tegenkwamen, of als er noodweer kwam, dan konden ze elkaar helpen, of troosten, of moed inspreken. En dat deden de jongens vaak, daarom waren ze samen niet snel bang.
Op een dag kwam er een boodschapper van de koning naar het boshuis. Hij bekeek eerst de stenen leeuwen bij de poort en klopte toen op de deur. Toen die werd opengedaan zei hij: 'Als hier een tweeling woont, heb ik een boodschap van Koning Leeuwenhart'. De vader en de moeder lieten hem binnen en riepen snel hun zoons. Dit was wat de heraut vertelde: 'Lang geleden had Koning Leeuwenhart een droom over twee dappere

jongens die woonden in een boshuis met twee stenen leeuwen bij de poort. De jongens in zijn droom waren heel bijzonder, want ze leken als twee druppels water op elkaar. Ze waren even oud en ze hadden de kracht en de moed en de geest van leeuwen. Sinds die tijd zoeken herauten hen overal in het land. Want de koning wil ze tot zijn nieuwe ridders maken. En het lijkt erop dat ik ze eindelijk gevonden heb.'

De vader en de moeder wisten niet wat ze hoorden. Hun zonen, ridders van Koning Leeuwenhart? Ze glommen en glinsterden van trots en blijdschap.

Leopold en Leonard waren bijna even blij. Natuurlijk wilde zij graag ridder worden voor de koning, welke jongeling droomt daar nou niet van? Maar ze zagen ertegen op om te moeten vertrekken uit het boshuis. En ze twijfelden ook een beetje. Want dat ze bijzonder waren en de kracht en de moed en de geest van leeuwen hadden, dat had nog nooit eerder iemand ze verteld. Maar toen ze elkaar aankeken voelden ze zich samen sterk. De heraut vertrok om de koning het goede nieuws te brengen.

Op een dag niet lang daarna hield opnieuw een afgezant van het hof halt bij het boshuis. 'De koning wil dat hun ridderscholing snel begint', sprak hij tegen de ouders. En elk van beide jongens gaf hij een rol papier met een boodschap. 'Om ridder te kunnen worden moet je deze opdracht vervullen', sprak hij plechtig.

Op het papier dat Leopold had gekregen stond een weg naar het kasteel van de koning. Die weg leek niet zo vreselijk moeilijk, maar onderaan stond geschreven:

Je zult jouw weg afleggen en anderen tegenkomen die drie keer zo snel zijn als jij. Geef niet op, ook al denk je dat je er nooit zult komen. Gebruik je kracht en je moed en je wijsheid.

Leopold bibberde en zuchtte.

Op het papier dat Leonard had gekregen stond een weg naar het kasteel van de koning. Die weg leek niet zo vreselijk moeilijk, maar onderaan stond geschreven:

Je zult jouw weg afleggen en anderen tegenkomen die je niet goed kunt verstaan. Geef niet op, ook al denk je dat je er nooit zult komen. Gebruik je kracht en je moed en je wijsheid.

Leonard zuchtte en bibberde.
'Jullie moeten zo snel mogelijk aan je opdracht beginnen', zei de afgezant. 'Tot aan de koperen burcht kunnen jullie elkaar gezelschap houden, daarna gaat ieder zijns weegs naar het kasteel van de koning.' Daarna gaf hij zijn paard de sporen en verdween.
Oh, wat wilden de jongens graag ridders van de koning zijn. Maar oh, wat vonden ze het erg om uit elkaar te gaan. Dit keer zouden ze elkaar niet kunnen helpen als het moeilijk werd. Ze bibberden en ze zuchtten diep. Toen ze elkaar aankeken vonden ze toch een beetje troost, omdat ze zagen dat de ander zich net zo onzeker voelde. Hun ouders begrepen het ook. Ze wilden heel graag helpen, maar er was niet veel wat ze konden doen, omdat je precies moet doen wat je opdracht luidt als je wilt slagen voor je riddertest. Maar wat de ouders konden doen, dat deden ze! Ze gaven Leopold en Leonard elk een eigen knapzak mee. 'In die buidel zitten schatten die je nodig kunt hebben onderweg. Bewaar hem zorgvuldig en open hem als je je rot, of bang of eenzaam voelt'. Ook gaven ze de jongens eten en drinken mee voor onderweg. Ze zwaaiden ze uit, luid roepend: 'We zien elkaar terug op de dag van de ridderslag'.
Leopold en Leonard liepen samen op tot aan de koperen burcht. De keukenmeid en de stalknecht lieten hen slapen in een kleine bedstee bij de achterdeur. Nog één keer kropen ze tegen elkaar aan.
Zo vielen ze tegelijk in slaap en zo droomden ze dezelfde droom. Ze droomden van het moment dat Koning Leeuwenhart hen tot ridder had geslagen. Leopold zag zichzelf staan in een schitterende ridderuitrusting met links naast hem zijn broer Leonard. Leonard zag zichzelf staan in een schitterende ridderuitrusting met rechts naast hem zijn broer Leopold. Op hun schilden stonden twee leeuwen die als twee druppels water leken op de stenen leeuwen van het boshuis. De gezichten van hun ouders blonken van trots. Het was een fijne droom.
De volgende ochtend vertrokken de knapen uit de koperen burcht. Ieder op zijn eigen weg naar het kasteel van de koning. Leopold droeg zijn knapzak over zijn linkerschouder en Leonard droeg zijn knapzak over zijn rechterschouder. Ze hadden ieder de kaart met de opdracht van de koning

in hun hand. Leopold nam het pad naar links en Leonard nam het pad naar rechts. Elke tiende stap keken ze om en zwaaiden ze naar elkaar. Net zo lang tot ze de ander niet meer zagen. Leopold bibberde en zuchtte. Leonard zuchtte en bibberde. Maar met de moed en de kracht en de geest van leeuwen liepen ze dapper door.

De weg van Leopold

Toen Leopold zijn broer niet meer kon zien voelde hij zich alleen. Hij liep over een donker bospad, door een onbekend bos. Overal zag hij dieren die hij niet kende. De bomen maakten vreemde schaduwen en er klonken allerlei onbekende geluiden. De weg leek eindeloos en lang. Leopold ging niet snel genoeg naar zijn zin. Hij wilde dat hij vlugger was, zodat hij spoedig aan het hof zou zijn. Maar hij leek bijna niet vooruit te komen. Soms zag hij eekhoorntjes door het bos razen. Was ik maar zo snel als zij, dacht hij dan. Dan klom ik in een boom om te kijken hoe ver het nog is. Misschien kan ik vanuit de boomtop ook Leonard wel zien. Maar als hij probeerde in een boom te klimmen had hij pech. De stam was te glad en er braken takken onder zijn voeten af. Een keer viel hij zelfs pardoes naar beneden. Dan was hij jaloers op de eekhoorns die van tak naar tak renden en van boom naar boom sprongen. Leopold vond het verschrikkelijk. Hij voelde zich dom en onhandig. Hij dacht dat de eekhoorns hem uitlachten. Hij dacht zelfs dat iedereen hem uitlachte, omdat hij niet als een eekhoorn was.

Toen Leopold 's avonds een plekje had gevonden voor de nacht dacht hij aan zijn knapzak. Hij herinnerde zich dat zijn vader en moeder hadden gezegd dat hij hem kon openen als hij zich rot, of bang of eenzaam voelde. En dat deed hij dus. Toen hij het touwtje had losgemaakt zag hij allerlei kleine dingen. Één voor één liet hij ze door zijn handen gaan: een foto, een veer van een blauwe kiekendief en een van een zwarte wouw, een sleutel, een muziekdoosje en een vergrootglas. Hij vond die dingen mooi en ze hielpen hem om te denken aan zijn thuis. Daardoor voelde hij zich al minder alleen. Onder in de knapzak zat ook een schaakspel. Leopold wist nog niet wat hij daarmee moest doen. Onder het schaakspel lag een spiegeltje. Toen hij daarin keek was het net alsof Leonard bij hem was. Hij keek heel lang naar zijn spiegelbeeld. Het leek of de spiegel tegen hem praatte:

Ik ben Leopold, van twee ben ik één. Mijn weg naar de koning die ga ik alleen. Ik ben Leopold, van twee ben ik één. Zoals je me hier ziet, zo is er maar één.

Leopold viel in een dromenloze slaap. De volgende dag hervatte hij zijn reis. Zo gingen er dagen achtereen voorbij.

Op een zekere dag reden er ruiters over het bospad. De paarden gingen Leopold in draf voorbij. Kon ik maar draven als de paarden, dacht Leopold, dan duurde het niet zo lang voor ik bij de koning ben. Maar Leopold had geen paard. En zelfs als ik een paard had, dacht hij, zou ik vallen en uitgelachen worden zoals het ook met de eekhoorns en de bomen ging. Die gedachte vond Leopold verschrikkelijk. Hij werd zo boos, alleen al van het idee, dat hij hevig tegen de eerste de beste boom begon te schoppen die hij tegenkwam. Terwijl Leopold zo boos stond te trappen, kwam er plotseling een kabouter te voorschijn. De kabouter riep: 'Hou op, zo kom je echt niet waar je wezen moet. Je kunt beter een partijtje met me schaken, als je tenminste een schaakspel bij je hebt'. 'Dat heb ik wel', zei Leopold, 'maar schaken kan ik niet'. Toen bood de kabouter aan het hem te leren. Zo kon het gebeuren dat Leopold het schaakspel leerde van de kabouter. Het was geen gemakkelijk spel en in het begin dacht Leopold: 'dat leer ik nooit'. Toch gaf hij niet op, hij bleef proberen. Leopold en de kabouter speelden vele partijtjes. In het begin won de kabouter, maar later won Leopold meestal.

Zo ontdekte Leopold iets belangrijks van zichzelf: hij was geen superklimmer en geen draver, maar een denker was hij wel en een heel goeie ook.

Toen het nacht was hielden de twee op met spelen. Leopold vertelde de kabouter dat hij op weg was naar het kasteel van Koning Leeuwenhart. 'Je bent er al bijna, je zult het zien', sprak de kabouter. En floep, weg was hij, net zo onverwacht als hij gekomen was. Leopold voelde zich weer alleen. Hij troostte zichzelf met de schatten die zijn ouders voor hem in zijn knapzak hadden gedaan. En hij bekeek zijn eigen spiegelbeeld. En de spiegel sprak opnieuw:

Ik ben Leopold, van twee ben ik één. Mijn weg naar de koning die ga ik alleen. Ik ben Leopold, van twee ben ik één. Zoals je me hier ziet, zo is er maar één.

De weg van Leonard

Toen Leonard zijn broer niet meer kon zien voelde hij zich alleen. Hij liep door een onbekend bos met heel veel kronkelpaadjes en splitsingen. Het was moeilijk om het goede pad te blijven volgen. De dieren waren vreemd en Leonard had veel moeite om ze te verstaan. Hij begreep ze niet als hij de weg vroeg. De hazen spraken een hazentaal, die veel te snel voor Leonard ging. En als hij om herhaling van het antwoord vroeg waren de meeste hazen al weer verdwenen. Leonard voelde zich buitengesloten. Hij werd verdrietig, en na een tijdje dacht hij zelfs: 'Ik vraag niemand meer iets, wie luistert er nou echt naar mij'. 'Was Leopold maar hier', dacht hij. Hij liep eenzaam door het bos en hij lette niet meer op de dieren om hem heen.

Toen Leonard 's avonds een plekje had gevonden voor de nacht dacht hij aan zijn knapzak. Hij herinnerde zich dat zijn vader en moeder hadden gezegd dat hij hem kon openen als hij zich rot, of bang of eenzaam voelde. En dat deed hij dus. Toen hij het touwtje had losgemaakt zag hij allerlei kleine dingen. Één voor één liet hij ze door zijn handen gaan: een foto, een veer van een bruine kiekendief en een van een rode wouw, een sleutel, een muziekdoosje en een vergrootglas. Hij vond die dingen mooi en ze hielpen hem om te denken aan zijn thuis. Daardoor voelde hij zich al minder alleen. Onder in de knapzak zaten ook twee schelpen. Leonard wist nog niet wat hij daarmee moest doen. Onder de schelpen lag een spiegeltje. Toen hij daarin keek was het net alsof Leopold bij hem was. Hij keek heel lang naar zijn spiegelbeeld. Het leek of de spiegel tegen hem praatte:

Ik ben Leonard, van twee ben ik één. Mijn weg naar de koning die ga ik alleen. Ik ben Leonard, van twee ben ik één. Zoals je me hier ziet, zo is er maar één.

Leonard viel in een dromenloze slaap. De volgende dag hervatte hij zijn reis. Zo gingen er dagen achtereen voorbij.

Op zekere dag kwam Leonard bij een heel lastig stukje van het bos. Er waren zoveel paden dat het hem echt niet lukte uit te vinden welk het beste was. Elk pad dat hij probeerde liep na een tijdje dood. Er kwamen vele dieren voorbij: een uil, een das, een boommarter en een vos. Ze wilden hem allemaal helpen, maar Leonard lette niet echt op hen. 'Ik kan ze zeker niet ver-

staan', dacht hij en dan keek hij gauw de andere kant op. Hij stond maar wat te staren en zich in zijn eentje af te vragen hoe hij ooit in het kasteel van de koning kwam. Op de grond voor zijn voeten liepen bosmieren in een lange rij. Ze wezen hem allemaal de goede weg, maar Leonard zag ze niet, omdat hij zich zo rottig voelde. Een van de mieren verliet de colonne om de hulp van de boself te gaan halen. Zo kon het gebeuren dat Leonard even later op zijn schouder werd getikt door een elf met een klein belletje in haar hand. 'Wat zie jij er verdrietig uit', zei de boself met een stem zo helder en krachtig dat Leonard geen enkele moeite had om haar te verstaan. Leonard vertelde haar zijn probleem: dat hij zo'n moeite had de dieren te verstaan en dat het daarom zo moeilijk was de goede weg te vinden. 'Jij hebt hoorschelpen nodig', zei de boself, 'maar waar vinden we die zo gauw?' Leonard haalde zijn schouders op, maar ineens dacht hij aan de schelpen in zijn knapzak. Hij haalde ze tevoorschijn en liet ze aan de boself zien. 'Precies de goede', sprak ze blij. En ze liet Leonard zien hoe hij de schelpen kon gebruiken, door ze in zijn oren te doen. Dat was lastig, zeker in het begin. Het voelde niet lekker en Leonard moest erg wennen aan al het geluid dat hij nu hoorde. Maar hij gaf niet op, hij bleef proberen. Net zo lang tot hij bijna alle dieren goed verstond. Hij hoorde wat de hazen zeiden. Hij verstond de uil, de das, de boommarter en de vos. Hij kon de mieren horen, hoe ze met hun miljoenen pootjes bij elkaar over het ene bospad liepen.
Toen het nacht werd nam de boself afscheid. 'Hoe ver is het nog naar het hof?', vroeg Leonard haar. 'Je bent er bijna, je zult het zien', zei de boself. En floep, weg was ze, net zo onverwacht als ze gekomen was. Leonard voelde zich weer alleen. Hij troostte zichzelf met de schatten die zijn ouders voor hem in zijn knapzak hadden gedaan. En hij bekeek zijn eigen spiegelbeeld. En de spiegel sprak opnieuw:
Ik ben Leonard, van twee ben ik één. Mijn weg naar de koning die ga ik alleen. Ik ben Leonard, van twee ben ik één. Zoals je me hier ziet, zo is er maar één.

Niet lang daarna kwamen Leopold en Leonard bij het kasteel van de koning aan. Leopold kwam van links en Leonard kwam van rechts. Koning

Leeuwenhart was verheugd de jongelingen te zien. Hij liet zijn lakeien meteen beginnen met de voorbereidingen voor de dag van de ridderslag. De smid werd aan het werk gezet om passende ridderuitrustingen te maken en de oefenmeester bracht de tweeling de kunst van het zwaardvechten bij. Zes herauten werden er op uit gestuurd om de vader en de moeder van de jongens op te gaan halen in een glazen koets, die werd getrokken door twaalf paarden.
Op een zonnige dag in september sloeg Koning Leeuwenhart de beide jongens tot ridder. Dat deed hij door twee keer met een gouden zwaard op hun schouders te tikken. 'Ridders', sprak hij daarbij, 'jullie hebben je opdracht volbracht'. Leopold stond links en Leonard stond rechts. Hun ridderuitrustingen blonken en schitterden in de zon. Op hun schilden stonden twee leeuwen, die leken als twee druppels water op de leeuwen bij de poort van het boshuis van hun trotse ouders. Aan hun voeten hadden zij elk hun eigen knapzak neergelegd. Het was een prachtige dag. Iedereen was tevreden en blij.
In de jaren die volgden stuurde Koning Leeuwenhart Leopold en Leonard nog vaak zijn rijk in met een taak of opdracht.
Soms ging Leopold alleen, omdat het een taak was die het meest bij hem paste. Hij vond het alleen gaan niet meer erg. Hij hoefde maar even in zijn spiegeltje te kijken en dan ging hij gewoon. Soms ging Leonard alleen, omdat het een taak was die het meest bij hem paste. Hij vond het alleen gaan niet meer erg. Hij hoefde maar even in zijn spiegeltje te kijken en dan ging hij gewoon.
Soms gingen de ridders samen, omdat de koning een opdracht voor hen beiden had en ook omdat de koning wel begreep dat ze weer eens samen wilden zijn. Ze trokken door het hele land en soms zelfs over de grenzen. Maar het liefst van alles gingen Leopold en Leonard naar het boshuisje en hun ouders. Gewoon, omdat het daar zo gezellig was.

Voor een tweeling kan het vinden van eigenheid extra lastig zijn. Het verhaal 'Leopold en Leonard' is oorspronkelijk geschreven voor een achtjarige tweeling die vooral thuis ernstige gedragsproblemen vertoonde.

Het levensverhaal

De kinderen werden geboren na een laat ontdekte tweelingzwangerschap. Het was voor de ouders een ingewikkelde taak zich aan deze, ook nog eens ongeplande, gezinsuitbreiding aan te passen.

De beide kinderen brachten veel drukte en zorgen met zich mee, maar functioneerden redelijk tot het moment waarop ze, na het eerste jaar basisonderwijs, uit elkaar werden gehaald.

Buiten de veiligheid van hun gezin durfden de jongens amper te spreken. In het gezin konden ze de sfeer behoorlijk verpesten met driftaanvallen en brutaliteit waarin ze samen leken te spannen tegen hun ouders. Hun gedrag dreef de ouders soms tot wanhoop en liet hen op allerlei fronten heel erg twijfelen aan zichzelf.

Het ene kind bezoekt een school voor speciaal onderwijs. Hij heeft motorische problemen en leermoeilijkheden door een neurologische stoornis. Het andere kind gaat naar een reguliere school, maar gedraagt zich daar extreem verlegen. Daarnaast is bij hem recent een dusdanig ernstig gehoorsverlies geconstateerd dat het hoorapparatuur noodzakelijk maakt.

De therapie

In de spelkamer laat het probleemgedrag dat zich thuis en op de scholen manifesteert, niet zien. De jongens spelen, zeker als ze samen zijn, de sterren van de hemel. Het spelen lijkt ze tegenover vreemden wat vrijer te maken. Ze overwinnen hun verlegenheid echter niet helemaal.

In het gezin wordt onder andere video-hometraining ingezet, maar zonder het gewenste resultaat. Het probleemgedrag houdt in de gezinssituatie niet op te bestaan, ondanks de inzet van de ouders.

In die vastgelopen situatie besluit ik een verhaal te maken.

Doel

Het voornaamste doel is: het oproepen en activeren van hulpbronnen die de jongens kunnen helpen in het veranderingsproces of die de ouders kunnen helpen het vol te houden.

Vervolgens: de overtuiging dat ze alleen 'compleet' zijn in gezelschap van elkaar ontzenuwen en ze eigen krachten, kwaliteiten en hulpbronnen helpen vinden. Ten

slotte; ze leren te leven met hun handicap, de belemmerende overtuigingen over de handicaps en het zelfbeeld te herkaderen.
Voor de ouders is het verhaal bedoeld als een toekomstdroom of externe hulpbron waaruit zij kunnen putten: om te kunnen blijven genieten van hun kinderen, ondanks de zorgen en de onrust die ze in hun leven hebben gebracht.

Metafoortype

- probleemoplossend;
- hulpbron-metafoor.

Effect

De jongens krijgen elk hun eigen versie van het verhaal. De ouders krijgen een complete versie zoals die hier is opgenomen.
De ouders zijn blij met en dankbaar voor dit verhaal. De jongens zijn er trots op.

8 Afrondingsfase van de therapie

Afscheid

David komt al bijna twee jaar elke week een uurtje spelen. Hij speelt steeds vrijer en hij oogt steeds vrolijker. Het gaat zo goed met hem dat hij niet langer speciaal onderwijs nodig heeft. Na de zomer gaat David daarom naar een kleine gewone school in de buurt waar hij tegenwoordig woont. 'Net als de Kleine Zeehond in het verhaal', zegt hij zelf (zie het voor hem op maat gemaakte verhaaltje in het vorige hoofdstuk).

Wanneer David de kamer binnenkomt gaat hij doelgericht en zelfbewust de ruimte door op zoek naar spelmateriaal. Hij speelt met allerlei verschillende spelletjes. 'Dat kan ik zelf wel', is een gevleugelde uitspraak geworden. Hij probeert nieuwe dingen uit en hij is actief met het bedenken en maken van allerlei knutselwerk. Terwijl hij daarmee bezig is, vertelt hij uit zichzelf over zijn ervaringen en belevingen. Soms gaat dat over wat er speelt in zijn leven hier en nu. Hij is trots op zijn moeder. En enthousiast over alles wat zij met hem en zijn zusje onderneemt. Regelmatig vertelt hij ook over dingen van vroeger, uit het oude huis of van de oude school. Af en toe verzint hij kattenkwaad en daar geniet hij zichtbaar van. Hij is blij en vrolijk en trots op zichzelf.

'Ik wil Sneeuwwitje horen', zegt David, terwijl hij het sprookjesboek doorbladert op zoek naar de bladzijde waar dat verhaal begint.
'Net als Sneeuwwitje begint hij, nu het kwaad is overwonnen en na een lange tijd van gedwongen "verdoving", een nieuw leven op een andere plek', denk ik.
David klimt op de schommel en wiegt zich heen en weer terwijl ik het verhaal

vertel. Hij luistert ademloos. Zoals altijd laat hij, door te stoppen met schommelen, ook nu zien welke passages in het verhaal hij reusachtig spannend vindt.
'..........maar Sneeuwwitje is duizendmaal mooier dan jij. En de boze koningin werd zo boos toen ze dat hoorde, dat ze dood neerviel', eindigt mijn versie van dit sprookje. David kijkt me even aan en verklaart dan: 'Ik heb Sneeuwwitje in het echt gezien. Op de tv. Toen liep het verhaal heel anders af. De boze koningin werd bruin en veranderde in een oud vrouwtje en ze kromp en ze kromp. Tot er niets meer van haar over was. Dat was in het echt hoor, op tv. Jij vertelt het anders'.
'Hoe het op tv was heb je goed onthouden', laat ik hem weten. 'En ik vertel het einde anders. Weet je, zo is het met verhalen. Iedereen vertelt een verhaal op zijn eigen manier.'
David stopt zijn schommel en ik zie hem nadenken. 'Net als bij ons' zegt hij.
'Net als bij jullie', antwoord ik. 'Jouw verhaal is anders dan dat van mama, of dat van papa of dat van jouw zus. Iedereen heeft zijn eigen verhaal over wat jullie vroeger hebben meegemaakt'.
David zet de schommel weer in beweging. 'Over een paar weken zie ik papa weer', zegt hij. 'Ik heb iets moois voor hem gemaakt. En na de zomer ga ik naar een nieuwe school. Vlak bij ons nieuwe huis. Samen met mijn zusje. Kan ik op de fiets. Kom ik dan eigenlijk nog bij jou?'.

Het is tijd om afscheid van hem te nemen. Davids verhaal is nog niet klaar. Er zullen altijd nieuwe hoofdstukken komen. Elke periode in zijn leven zal de vorige bladzijden een andere kleur geven en de volgende mee vormen. Uiteindelijk zal David leren leven met zijn eigen verhaal dat niet altijd even rooskleurig was en dat ongetwijfeld littekens heeft achtergelaten.
In het proces van acceptatie heeft David een keuze. Hij kan zichzelf blijvend als slachtoffer zien. Of hij kan denken 'het was gewoon zo' en dan verder gaan op zijn eigen pad. Hoe hij zich over zijn verleden zal voelen wordt bepaald door de keuze die hij zelf maakt. Wij als opvoeders kunnen hem bij het maken van die keuze helpen.

Het volgende en laatste verhaal in dit boek laat zien hoe een verhaal een kind met een dergelijk acceptatieproces kan steunen.

Norbert Neushoorn en de Supercirkel

Norbert Neushoorn en de Supercirkel

Gewoon een verhaal over een zeldzame neushoorn.

Lang geleden, in een land hier ver vandaan, was er eens een zeldzame neushoorn.
Zijn naam was Norbert en hij trok met zijn moeder over de Afrikaanse vlakte.
Norberts moeder was een witte neushoorn. Dat kon je zien aan de vorm van haar bovenlip. Zijn moeders bovenlip was breed. Niemand begreep waarom je zulke neushoorns wit noemde, want haar vel was gewoon grijs.
MAAR DAT WAS GEWOON WEL ZO.

Soms kwam Norbert zijn vader tegen als hij met zijn moeder over de vlakte zwierf. Zijn vader was een zwarte neushoorn. Ook dat kon je zien aan de vorm van zijn bovenlip. Zijn vaders bovenlip was puntig. Niemand begreep waarom je zulke neushoorns zwart noemde, want zijn vel was gewoon grijs.
MAAR DAT WAS GEWOON WEL ZO.

Toen Norbert geboren was, viel er meteen iets aan hem op. Norberts bovenlip was gestreept. En Norbert had geen hoorn op zijn neus. Daarom was Norbert zeldzaam.
Dat was natuurlijk niet gemakkelijk voor de familie Neushoorn.
'Hij is niet wit en hij is niet zwart', dachten zijn ouders als ze naar zijn gestreepte bovenlip keken. 'Zijn wij als ouders niet mislukt', vroegen zij zich stilletjes af. 'Elke neushoorn heeft toch zeker een hoorn op zijn neus?'
Maar als ze naar Norberts grijze vel keken en naar de rest van zijn lijf dan twijfelden ze niet meer. Norbert was een lieve neushoorn met een gestreepte bovenlip en zonder hoorn op zijn neus. Ze hielden allebei van hem.
EN DAT WAS GEWOON WEL ZO.

De andere dieren op de vlakte moesten aan Norbert wennen:
De giraffen keken vanuit de hoogte op Norbert neer. 'Wat is dat voor een

neushoorn', hoorde Norbert hen mompelen, terwijl ze gezellig samen aan blaadjes van de acaciaboom knabbelden en deden of hij er niet was.
De zebra's bekeken Norbert schaamteloos en daarna keken ze naar elkaar. 'Zwart-wit, zwart-wit, zwart-wit' hoorde Norbert ze denken.
En van de leeuwen dacht Norbert dat ze allemaal medelijden met hem hadden. En ook dat vond hij niet fijn.
De hyena's giechelden hun giechelige lach. Wat Norbert natuurlijk niet wist, was dat ze naar iedereen zo giechelden.
MAAR DAT WAS GEWOON WEL ZO.

Norbert was een zeldzame en ook een slimme neushoorn. Hij bedacht listen en trucs, waardoor hij niet zo zeldzaam leek.
Als hij een dennenappel vond, dan zette hij die op het puntje van zijn neus. Daarmee liep hij voorzichtig balancerend rond. Uit de verte leek het dan net of hij een hoorn op zijn neus had. Maar dat kunstje kon hij niet lang volhouden. Er ging altijd wel iets mis.
Als hij met zijn moeder van de struiken at, hield hij altijd heel lang een paar blaadjes met zijn gestreepte lippen vast. Als hij die flink omhoog liet steken, zag niemand dat hij zeldzaam was. Maar ook dat was een lastig trucje, omdat hij eigenlijk niet mocht praten met blaadjes in zijn mond. 'Altijd eerst je mond leeg eten', zeiden zijn ouders tegen hem:
'WANT DAT HOORT GEWOON WEL ZO'.

'Trek je er toch niks van aan', zeiden de apen tegen hem. 'Wij vinden je leuk en we spelen graag met jou.' Ze nodigden hem uit op het voetbalveldje. Ze vroegen hem mee naar de waterplas. En er was zelfs een doodskopaapje dat vroeg of Norbert kwam logeren. Maar Norbert durfde dit alles niet. 'Ik ben te zeldzaam', dacht hij, terwijl hij voelde hoe iedereen naar hem keek. Norbert wilde heel erg graag gewoon zijn. Hij hield niet van zijn zeldzaamheid.
'Ik wou maar dat dit overging', dacht Norbert vaak.
MAAR DAT WAS GEWOON NIET ZO.

Norbert herinnerde zich de keer dat hij een masker droeg. Het was op de verjaardag van de olifant. 'Nu ben ik net zo als de anderen', had hij de hele dag gedacht. En hij danste van geluk. Maar 's avonds waaide het masker weg en Norbert zag het nooit weerom. 'Dat goede gevoel wil ik terug', fluisterde Norbert zacht. Hij wist niet hoe hij dat krijgen kon. Norbert dacht en dacht. Hij werd stiller en verdrietiger.
En op een dag zeiden zijn ouders: 'Een speciale gezichtsbehandeling, is dat wat je wilt misschien?' Norbert dacht en glunderde.
WANT DAT WAS GEWOON WEL ZO.

Zijn ouders wezen Norbert de weg naar de wonderdokter. De weg was niet zo moeilijk, maar wel erg lang. Norbert ging een beetje zenuwachtig en vol goede moed op pad. Het was een lange en zware reis.
Hij liep en hij liep, hij werd moe en dorstig. Zijn hele lijf deed pijn. Maar Norbert was dapper en hij gaf de moed niet op. Eindelijk kwam hij bij de wonderdokter aan. 'Kom maar gauw', zei hij. 'Dit wordt een lange en ingewikkelde klus. Dat kunnen we niet in een keer klaren. Maar ik zal jou helpen zo goed als ik kan.'
EN DAT WAS GEWOON WEL ZO.

Na een lange tijd, en veel gedokter, had Norbert eindelijk een hoorn op zijn neus. Het was een splinternieuwe hoorn. En de kleur was groen.
'Yes', dacht Norbert toen hij zichzelf in de spiegel zag. 'Nu ben ik eindelijk net als alle andere neushoorns'. En hij sprong van geluk een gat in de lucht.
Trots liet hij zijn hoorn aan zijn vader zien. Die glimlachte tevreden.
Blij liet hij zijn hoorn aan zijn moeder zien. Die blonk van blijdschap.
'Gelukkig heeft Norbert nu een hoorn', zeiden ze beiden opgelucht.
Ze waren natuurlijk blij, maar ze hielden precies net zoveel van hem als toen hij nog géén hoorn had.
WANT TOEN WAS DAT GEWOON WEL ZO.

Maar de andere dieren op de vlakte bleven Norbert vreemd aankijken. Al leek dat misschien wel een beetje minder dan voorheen.

De giraffen keken vanuit de hoogte op Norbert neer. 'Wat is dat voor groene hoorn op zijn neus', hoorde Norbert hen mompelen, terwijl ze aan de acaciaboom knabbelden.
De zebra's smiespelden: 'Zwart-wit-groen?, zwart-wit-groen?, zwart-wit-groen?'.
De leeuwen bleven medelijden met hem hebben. En ook dat vond Norbert niet fijn.
De hyena's bleven giechelen. Norbert wist nog steeds niet dat ze naar iedereen zo giechelden.
MAAR DAT WAS GEWOON WEL ZO.

Op een dag voelde Norbert zich daarom heel erg verdrietig en alleen. Sjokkend liep hij van de vlakte weg. Zijn neus naar de grond en zijn ogen vol tranen. En omdat hij niet lette op waar hij liep, stootte hij overal zijn neus. Boink......, tegen de acaciaboom. Boink.....tegen de oever van de rivier en Boink......tegen een kudde olifanten. 'Kun je niet uit je doppen kijken', trompetterden die.
Norbert beet zich op zijn gestreepte bovenlip. 'Ik ben mislukt als neushoorn,' dacht hij bij zichzelf. 'Ik ben niet wit, ik ben niet zwart'.
Hij bekeek zich in het spiegelende water van de drinkplaats. 'Ik ben misschien zelfs niet grijs', snikte hij.
MAAR DAT WAS GEWOON WEL ZO.

Ongemerkt was Norbert ver van de vertrouwde vlakte weggelopen. Hij liep en hij liep en hoe langer hij liep, hoe meer hij merkte dat hij kringetjes draaide. Vreemde geuren drongen zijn neusgaten binnen. Toen hij beter om zich heen keek, merkte hij dat hij was verdwaald.
Het werd donker, de sterren begonnen te schijnen en de maan toonde zijn halvemaansgezicht. Norbert was moe en bang en hij voelde zich heel erg ongelukkig.
Kon ik maar net als de maan mijn gezicht elke dag veranderen, dacht hij. Volle maan, halve maan, afnemende maan, wassende maan, elke dag een ander gezicht.
MAAR DAT WAS GEWOON NIET ZO.

Terwijl Norbert verdrietig voor zich uit zat te staren, werd het mannetje dat op de maan woont wakker. Hij wreef zijn slaperige ogen uit en keek hoe Norbert, eenzaam en ellendig op een vreemde plek op de vlakte stond en huilde. Het mannetje keek en zuchtte: 'Wat een zeldzaam verdrietige neushoorn', sprak hij zacht. 'Wat zou het geweldig zijn als die neushoorn zijn eigen supercirkel had', dacht hij.
Hij stroopte zijn mouwen op en wierp zijn touwladdertje uit. Dat het maanmannetje bij zulk verdriet kon helpen wist bijna niemand. En Norbert wist dat zeker niet.
MAAR DAT WAS GEWOON WEL ZO.

Toen het maanmannetje op de aarde was aangekomen, raakte hij Norbert voorzichtig aan. 'Kan ik je helpen?', vroeg hij zacht.
Norbert draaide verlegen zijn kop naar de grond. 'Wie ben jij?', vroeg hij met een gesmoorde stem, en 'weet jij soms waar ik ben?'.
'Ik ben het maanmannetje en jij bent op een bijzondere plaats aangekomen. Hier worden supercirkels gemaakt', sprak het ventje.
Norbert dacht aan de kringen die soms in de korenvelden verschenen en waarvan niemand wist hoe ze gemaakt werden. 'Zijn dat supercirkels?', vroeg hij dus.
MAAR DAT WAS GEWOON NIET ZO.

Het maanmannetje vertelde Norbert dat een supercirkel een onzichtbare kring is, die je om jezelf heen maakt. In die kring verzamel je krachten, die je helpen om je sterk en goed te voelen als je het moeilijk hebt.
Met een stokje van een acaciaboom tekende het maanmannetje een voorbeeld op de grond. 'Zullen we voor jou een supercirkel maken?', vroeg hij.
Norbert keek naar de grond. Er verscheen een lachje op zijn gestreepte mond. 'Wat gek', dacht Norbert, maar hij wilde wel.
Hij zag eigenlijk al meteen een mooie oranje cirkel om zich heen.
'Wat heb je daarin nodig?', vroeg het maanmannetje.
'Dapperheid', wist Norbert direct. 'Als ik dapperheid had zou ik me beter voelen'.

'Denk maar aan een keer dat jij je erg dapper hebt gevoeld', zei het maanmannetje.
Norbert herinnerde zich de dag waarop hij een bijzondere vogel had gered. Alle dieren applaudisseerden voor hem. En in zijn hoofd klonk zijn stem: 'Yes, ze vinden me allemaal goed'.
EN DAT WAS GEWOON WEL ZO.

Het maanmannetje leerde Norbert hoe hij zijn supercirkel op kon laden met dapperheid door in de cirkel te gaan staan en 'Yes, ze vinden me allemaal goed' te zeggen. De oranje supercirkel kreeg nu een paarse kleur.
'Wat wil je nog meer gebruiken om je beter te voelen?', vroeg het maanmannetje hem weer. 'Trots en blijdschap', wist Norbert weer meteen.
Eerst dacht Norbert aan een dag waarop hij zijn moeder geholpen had. Hij had hard voor haar gewerkt en zij had hem een compliment gegeven. In Norberts buik voelde het goed en warm en in zijn hoofd klonk: 'Jij doet de dingen goed'.
EN DAT WAS GEWOON WEL ZO.

Met hulp van het maanmannetje laadde Norbert de supercirkel op met trots.
De cirkel kreeg nu een grijzige kleur.
Ten slotte dacht hij aan een keer waarop hij zich erg blij had gevoeld. Dat was de dag dat hij op school sommen goed had gemaakt en zijn juf tegen hem zei: 'Jij kunt soms meer dan de anderen'. Dat maakte Norbert héél erg blij.
WANT DAT WAS GEWOON WEL ZO.

De supercirkel kleurde zilver toen Norbert hem met blijdschap had opgeladen.
Van een afstandje keek hij er samen met het maanmannetje naar.
'Ga er maar eens in staan', zei het maanmannetje met een uitnodigend gebaar. 'Of trek hem maar eens aan'.
Norbert nam een aanloopje en met een lachend 'Yes' ging hij in zijn eigen

supercirkel staan. Hij voelde dapperheid en trots en blijdschap. Zijn grijze vel werd glanzend zilvergrijs. In zijn buik werd het prettig warm. Norbert tilde zijn voorpoten op en keek naar de lucht, want in zijn hoofd klonk:
'IK BEN IK. EN IK BEN GOED ZOALS IK BEN'.
EN DAT WAS GEWOON WEL ZO!!!

Norbert keek het maanmannetje lachend aan.
'IK BEN IK. EN IK BEN GOED ZOALS IK BEN', zong hij.
Norbert danste en maakte een sprong in de lucht.
'IK BEN IK. EN IK BEN GOED ZOALS IK BEN'.
Het maanmannetje nam afscheid en klom zijn touwladdertje weer op, op weg naar een nieuwe dag op de maan.
'Het ga je goed', zei hij toen hij voor de laatste keer naar Norbert zwaaide.
Norbert huppelde terug naar huis.
'IK BEN IK. EN IK BEN GOED ZOALS IK BEN', lachte hij tegen de kudde olifanten. En tegen de apen. En tegen de hyena's.
'IK BEN IK. EN IK BEN GOED ZOALS IK BEN', riep hij tegen de leeuwen. En tegen de zebra's. En tegen de giraffen.
En weet je wat alle dieren antwoordden?
EN DAT IS GEWOON WEL ZO!!!

Vanaf die dag hoefde Norbert alleen maar aan zijn supercirkel te denken als hij het soms moeilijk had. Zijn vel kleurde zilvergrijs, in zijn buik werd het prettig warm, zijn voorpoten staken in de lucht en zijn snuit stak omhoog naar de zon. En dan wist hij het weer:
'IK BEN IK. EN IK BEN GOED ZOALS IK BEN'.
EN DAT IS GEWOON WEL ZO

Dit verhaal is geschreven samen met een jongen van negen jaar.

Het levensverhaal

De jongen is enig kind van gescheiden ouders. Hij komt bij mij omdat hij 'zo geboren' is. Hij is geboren met een dubbele schisis. Zijn hazenlip is operatief gesloten toen hij nog een baby was. Met zijn gespleten verhemelte gaat dat nog in stappen gebeuren. De gehemeltespleet veroorzaakt een zeer slechte verstaanbaarheid. Hij bezoekt een school voor speciaal onderwijs. Zijn leerkracht heeft moeder geadviseerd speltherapie voor hem te regelen omdat hij zich isoleert van leeftijdgenoten. Ook is hij verschrikkelijk bang en zenuwachtig voor alles wat met het ziekenhuis of met de tandarts te maken heeft.

De therapie

De jongen gaat gretig in op het aanleren van ontspanningsoefeningen en hij gebruikt die ook zelfstandig bij een bezoek aan de dokter of de tandarts. Straks bij de grote ingreep wordt ergens anders bot uit zijn lijf gehaald om zijn kaak te sluiten. Hij denkt dat hij voor altijd rond zal lopen met overal gaten in zijn lijf. En hij ziet ook erg op tegen de urenlange narcose. Technische informatie over wat hem nog te wachten staat, aangepast aan zijn emotionele behoeften en zijn leeftijdsniveau, helpt hem eveneens een meer passende manier te vinden om met de spanning om te gaan.
Hij heeft echter ook problemen die niet zo simpel door het aanleren van ander gedrag zijn op te lossen. Dat wat hij over zichzelf en de wereld om hem heen is gaan geloven kan hij duidelijk in zijn spel laten zien: ik ben lelijk en mislukt, niemand kan van mij houden, ik veroorzaak ruzie tussen mijn ouders, ik had er beter niet kunnen zijn.
Hij speelt over een draak die een mislukt ei legt in het nest van een vogel. Als de drakenbaby geboren wordt wil niemand zijn moeder worden omdat hij zo mislukt is. In een ander spel speelt hij over een echtpaar dat na veel ruzie en huiselijk geweld gaat scheiden. Dit echtpaar verzoent zich zodra hun zieke kind door de gevangenisdokter in de boeien is geslagen en voor altijd in slaap is gemaakt. Er worden vervolgens een heleboel gezonde kinderen geboren.
Als ik hem vraag wat zijn liefste wens is zegt hij, wijzend op zijn mond, die hij altijd achter zijn hand verstopt: 'Ik wou dat dit overging, maar dat kan natuurlijk nooit'. En hij zegt er zuchtend achteraan: 'Ik moet wachten tot ik groot ben. Dan kan ik een snorretje zetten. Dan ziet niemand het meer'. Ik besluit een verhaal voor hem te maken.

Doel

De jongen laten ervaren dat hij goed is zoals hij is en dat er ondanks zijn handicap van hem gehouden wordt.

Dat hij zijn handicap kan accepteren. Hem bovendien een extra hulpbron aanreiken, een hulpbron die het hem mogelijk maakt zichzelf te versterken.

Metafoortype

- probleemoplossend;
- hulpbron-metafoor.

In dit verhaal is 'the Circle of Excellence' – een NLP-techniek – gebruikt. Voor een uitgebreide beschrijving daarvan: zie Derks en Hollander (1996).

Effect

De aanzet van het verhaal lees ik voor en daarna nodig ik de jongen uit het verhaal samen met mij verder vorm te geven.
Vervolgens maken we samen schilderijen bij het verhaal. De jongen kiest de onderwerpen voor die schilderijen uit: een neushoorn zonder hoorn, een neushoorn met groene hoorn en enkele andere dieren. En dan het maanmannetje, de supercirkel en de wonderdokter. Hij schildert vaak zingend.
Al tijdens het maken van het verhaal gaat hij erover aan anderen vertellen, bijvoorbeeld aan de chauffeur in de taxi op weg naar speltherapie. Hij stelt zich voor hoe zijn juf en de kinderen op school zullen reageren als het straks een boek geworden is. Uiteindelijk lezen we het op zijn verzoek gezamenlijk aan een ademloos luisterende klas met kinderen voor. We lezen om en om een stukje voor, waarbij de jongen steeds wil eindigen met de zin 'en dat was gewoon wel zo'.
Het valt op dat hij steeds vaker praat zonder hand voor zijn mond en dat hij de wereld buiten de spelkamer ook vrijer tegemoet treedt. Zijn moeder vertelt dat hij voor het eerst op het voetbalveldje bij zijn huis is geweest en dat hij heeft meegevoetbald met de buurtkinderen.
Een jaar later hebben de jongen en ik het over de grote operatie die eraan te komen staat. 'Soms', zegt hij, 'denk ik wel eens, waarom heb ik dit nou gekregen?' 'En welk antwoord geef jij jezelf als jij je dat afvraagt', vraag ik hem. 'Dat het gewoon de natuur is', zegt hij breeduit grijnzend.

Deel III

'Do you remember what Badger said before he began to tell us stories? […] He said, 'I have put my poem in order on the threshold of my tongue.' That's what Badger, who has taken us into her lodge, is saying. Pretend Badger and I are the people back in our village. Speak to us with that kind of care'.

Barry Lopez, *Crow and Weasel*, 1990

9 Zelf aan de slag

Wie verhalen als therapeutisch middel wil gaan inzetten of verhalen op maat wil gaan maken heeft mogelijk een aantal vragen hierover. Voor elke lezer, potentiële verteller of schrijver zullen daarbij andere vragen spelen.
De een vraagt zich vooral af hoe je weet of een verhaal geschikt is en door het kind aangenomen zal worden. De ander wil weten of je een bestaand verhaal kan gebruiken of juist een verhaal op maat moet maken. Een volgende is meer benieuwd naar hoe je geschikte beelden kunt vinden om een verhaal op maat te maken. En dan zijn er nog mensen die er vooral in geïnteresseerd zijn te leren hoe een verhaal 'goed' geschreven kan worden.

Geschiktheid van een verhaal

Analyse van persoon en probleem; sfeer van het verhaal
Het kiezen van een geschikt verhaal begint bij het maken van een analyse van de persoon voor wie het verhaal bestemd is. Voor een kleuter kies je een ander soort verhaal dan voor een puber. Bij een introvert kind past een ander verhaal dan bij een kind dat zich vlotter uit. Een dromer vraagt om een ander verhaal dan een druk of op de realiteit gericht kind.
Vervolgens is het probleem waarvoor je een verhaal wilt inzetten belangrijk. Wanneer er sprake is van een taboe kies je een andere metafoor dan wanneer het kind met een verhaal vooral ingelicht moet worden over bepaalde zaken waarbij het belangrijk is dat het die informatie kan onthouden en ordenen. Wanneer het probleem veroorzaakt wordt door een belemmerende overtuiging vraagt dat een ander type metafoor dan wanneer het probleem te maken heeft met het aanleren van nieuw gedrag of het inzetten van hulpbronnen.

Een verhaal dat verteld wordt om een bepaalde sfeer te scheppen moet die sfeer ook uitdragen. Zo zijn bijvoorbeeld veel van de kinderverhalen van Roald Dahl (zie in de bijlage de lijst met kinderboeken en verhalen) geschikt om kinderen te ondersteunen in moeilijk vol te houden situaties, zoals langdurige bedlegerigheid in een ziekenhuis met pijnlijke behandelingen. Die verhalen roepen een sfeer van wreedheid en marteling op die gevoelens van agressie, wraak en boosheid van het kind erkennen. Dit zijn gevoelens die kinderen in dergelijke situaties wel hebben maar soms moeilijk kunnen uiten omdat ze hulpafhankelijk zijn.

Een extreem angstig kind, zoals David uit de in dit boek beschreven casus, kan meestal helemaal niet genieten van het bovenbedoelde griezelen. Een dergelijk kind vraagt om veiligheid en heeft eerst en vooral een verhaal nodig dat deze sfeer in zich draagt. De volgende stap kan dan een spannender verhaal zijn met een goede afloop. Op die manier wordt recht gedaan aan zijn behoeften.

Doel en boodschap

De belangrijkste uitgangspunten bij het zoeken naar een geschikt verhaal zijn vervolgens het doel dat je als verteller wilt bereiken en de boodschap die je wilt aanreiken.

Het doel wordt enerzijds bepaald door de problematiek van het betrokken kind en anderzijds door de beoogde boodschap. Soms is de fase van de behandeling mede bepalend.

Het ligt voor de hand te veronderstellen dat in de eerste fase van een therapie het doel van een metafoor eerder het oproepen van een speciale sfeer zal zijn dan het geven van corrigerende feedback. Die veronderstelling is echter niet zo rechtlijnig te maken.

Een enkelvoudig probleem op gedragsniveau, bijvoorbeeld slecht slapen, vraagt om een of meer verhalen met het probleem als thema en als boodschap een adequater alternatief voor het probleemgedrag. Een dergelijke probleemoplossende of hulpbron-metafoor kan heel goed in de beginfase van een therapie worden aangeboden.

Wanneer er sprake is van complexe problematiek, zoals bij de in dit boek beschreven casus van David, is het vaak nodig om meerdere verhalen aan te bieden en vraagt elke nieuwe fase nieuwe soorten verhalen met andere boodschappen. David kreeg bijvoorbeeld aanvankelijk verhaaltjes te horen waarin de hoofdpersoon werd gesteund en geholpen. Aan het eind van zijn therapie werd hij door een ander verhaaltje juist gestimuleerd dingen zelf uit te proberen en werd hij uitgedaagd tot grotere zelfstandigheid.

Thema en verhulling

Het thema van het verhaal moet iets gemeenschappelijk hebben met het probleem van het kind. Wanneer er voor het kind helemaal geen verband is met het probleem kan het, bewust of onbewust, het verhaal niet terugvertalen naar zijn eigen realiteit.

Een slachtoffer van pesterijen herkent dit thema waarschijnlijk gemakkelijk in het sprookje 'Het lelijke kleine eendje', maar zal meer moeite hebben het te herkennen in 'De drie kleine biggetjes'.

Tegelijkertijd is het belangrijk dat het verhaal voor voldoende verhulling zorgt. Het verhaal moet, ondanks de verhulling, het kind tevens het gevoel geven dat het óók over hem gaat. Gemakkelijke identificatie met de hoofdpersoon en het vinden van een passend beeld kunnen dit bewerkstelligen. Verderop in dit hoofdstuk wordt hier nader op ingegaan.

Verhulling schept veiligheid waardoor pijnlijke of beangstigende taboe-onderwerpen toch in de schijnwerpers kunnen worden gezet. Verhulling zorgt ook voor afstand, waardoor het kind de eigen emoties op afstand kan houden en er niet door overmand wordt. Dit schept weer ruimte om andere oplossingen te zien, te horen of zelf te vinden.

Bestaande kinderboeken over probleemthema's zijn soms te realistisch. De boekjes uit de therapeutische verhalenserie van Martine Delfos (zie de bijlage met de lijst met kinderboeken en verhalen) vind ik om die reden voor sommige kinderen, waarvoor ze juist geschreven lijken te zijn, minder geschikt. Ze roepen angst en afweer op bij kinderen die bijvoorbeeld nog te veel 'in de crisis' zitten. Voor kinderen die al een aantal stappen op het pad van verwerking hebben gezet kunnen deze boekjes juist weer steunend zijn en voor (h)erkenning zorgen.

Positieve bedoelingen

'Elk gedrag heeft een positieve intentie en was ooit iemands beste keuze.' Dit is een van de vooronderstellingen van NLP (Neuro Linguïstisch Programmeren) die ik van harte onderschrijf.

Ik kies er bewust voor deze aanname 'waar' te laten zijn. Dat betekent niet dat ik bepaald gedrag niet als lastig zal beoordelen. En het betekent evenmin dat ik lastig of ongewenst gedrag goedkeur of accepteer. Het betekent wél dat ik vanuit de overtuiging dat elk gedrag een positieve intentie heeft én vanuit respect voor de ander, zoek naar de positieve bedoeling áchter het als ongewenst beleefde gedrag.

Door aandacht te hebben voor de positieve intentie achter het probleemgedrag van het kind én door tevens de positieve intentie achter de reacties uit de omgeving te zien erken je de bedoelingen van de ander. Pas dan wordt het voor die ander mogelijk een positief en gemeenschappelijk doel te vinden en zo wordt er ruimte geschapen voor verandering.

De jongen voor wie het verhaal 'De kleine zendpiraat' in deel 2 werd geschreven kun je typeren als een brutale lastpost. Zo zien zijn opvoeders hem al jaren. Ze lopen voortdurend vast in de omgang met hem en elke nieuwe botsing bevestigt hen, maar ook hém, in hun oordeel.

Wanneer je op zoek gaat naar de positieve intenties achter het opstandige gedrag kunnen geheel andere conclusies getrokken worden. Dan kan gezegd worden dat de jongen met zijn lastige gedrag duidelijk maakt dat hij behoefte heeft aan liefde en aandacht en aan een duidelijk toekomstperspectief. In het voor hem op maat gemaakte verhaal zijn dit dus de elementen die aandacht krijgen, terwijl het ongewenste gedrag in een metafoor wordt verpakt en op elegante, niet beschuldigende, wijze wordt gecorrigeerd.

Van de ouders uit diezelfde casus kun je beweren dat ze egoïstisch zijn en liefdeloos reageren door de jongen niet terug in huis te nemen. Vanuit een positieve invalshoek kun je van deze ouders zeggen dat zij met hun gedrag laten zien dat zij zich bewust zijn van hun mogelijkheden en beperkingen en dat zij voor hun zoon hulp willen. De weigering hun kind weer in huis te nemen is op te vatten als een daad van liefde waarmee zij bewerkstelligen dat hij professionele en passende zorg krijgt. Het voor hun zoon op maat gemaakte verhaal belicht dit ook.

Een goed verhaal honoreert de positieve bedoelingen van alle partijen en laat deze voor het voetlicht komen. Dat schept ruimte om open te staan voor kritiek en voor verandering.

Hulpbronnen

'Ieder mens heeft hulpbronnen voor positieve verandering beschikbaar.' Dit is een andere vooronderstelling van NLP, van waaruit ik ook werk.

Dat de ouders zijn vastgelopen in de omgang met hun kind en soms de moeilijkheden zelf veroorzaakt hebben, betekent slechts dat ze tijdelijk hulp nodig hebben. Het betekent meestal niet dat ze niet ingezet kunnen worden bij het oplossen van de problemen. Ditzelfde geldt voor het probleemkind. Uitgaan van deze aanname betekent dat er oog is voor de mogelijkheden van het kind en de ouders en voor ieders positieve krachten, ook als zij die zelf nog niet zien of onbenut laten.

Een goede verteller kijkt naar wat er wél is en ziet het verhaal als een 'toekomstdroom'. Hij bedenkt van daar uit wat het kind en het gezin gegund is.

Het verhaal 'Maeglin' illustreert dit. In plaats van het gedrag van de vader te veroordelen wordt gekeken naar zijn kwaliteiten; hij is in staat gebleken om ruimte te maken voor datgene wat hij belangrijk vindt in zijn leven en om zijn hart te volgen. Hij heeft de kracht getoond om te gaan voor zijn levensgeluk en hij heeft daar zelf verantwoordelijkheid voor genomen. Deze hulpbronnen worden ook geacht in de jongen aanwezig te zijn. In het verhaal worden deze hem aangereikt en wordt hij gestimuleerd ze in te zetten.

Een goed verhaal activeert kwaliteiten in het luisterende kind en in zijn opvoeders.

Loyaliteitsgevoelens

De kans dat de boodschap over komt is deels afhankelijk van de vraag of het kind zijn loyaliteitsgevoelens voor zijn ouders kan handhaven.

Als het verhaal veroordelend is ten opzichte van de ouders, dan is de kans groot dat het kind de neus ophaalt en het verhaal afwijst. Het is essentieel dat de verteller in het verhaal meervoudige partijdigheid kan betrachten. Maar het hangt er ook van af met welk doel je het verhaal wilt vertellen en welke boodschap je wilt laten overkomen.

Bij het schrijven van 'De geschiedenis van Dora Das' had ik zelf in eerste instantie veel last van veroordelende gevoelens tegenover de moeder. Ik kon me maar niet inleven in haar situatie en vooral niet begrijpen hoe ze ooit twee van haar kinderen zo had kunnen verloochenen. Ik zag alleen hoe zij zich had vastgedraaid in een web van leugens.

Pas toen ik dat deel van haar een vorm had gegeven in de figuur van Juffrouw Spin verdwenen mijn eigen veroordelingen. Ik kreeg daardoor zelfs toegang tot het deel van de moeder dat ik tot dan toe niet begrijpen kon:

> Na een tijdje lopen botste Dora tegen een heel groot web.
> Uit een hoekje achter het web hoorde Dora de stem van juffrouw Spin. 'Ben je daar eindelijk, Dora Das? Ik heb altijd wel geweten dat je hier nog eens langs zou komen. Ik wacht al zo lang op jouw komst. Ik dacht, laat ik maar een webje weven, dan voel ik altijd dat er iemand is. In dit gangetje kun je nu weliswaar niet verder, want een eindje verderop is hij ingestort. Maar misschien heb je mij toch nodig.'
> Terwijl Dora stond te luisteren was juffrouw Spin uit haar hoekje gekropen. Ze zat nu midden in haar web en ze hield Dora nauwlettend in de gaten. Ze was niet onvriendelijk hoor, juffrouw Spin, ze wilde gewoon haar web beschermen.
> Dora Das was wel een beetje geschrokken. Ze dacht dat ze juffrouw Spin wel erg lastiggevallen had met haar onverwachte bezoekje. 'Nou, eigenlijk kwam ik hier per ongeluk' begon Dora voorzichtig, 'want weet u, ik was aan het speuren'. 'Waar ben je dan naar op zoek' vroeg juffrouw Spin, die wel zag dat Dora een beetje verlegen geworden was.
> Vóór Dora het goed en wel in de gaten had begon ze juffrouw Spin te vertellen van haar naam, van haar andere vader en van de andere dassenkindertjes. En dat ze vaak niet snapte hoe dat alles nou in elkaar zat.
> Tot haar verbazing antwoordde juffrouw Spin: 'Het gangetje dat je hier hebt gevonden loopt helemaal naar jullie oude burcht.
> Ik kan je er niet doorlaten, maar ik kan je er wel over vertellen. Want vroeger woonde ik ook aan de andere kant'.

Als ouders zelf achter de boodschap kunnen staan helpt dat het kind om het verhaal te kunnen ontvangen.
De stiefvader van het meisje voor wie 'De geschiedenis van Dora Das' werd geschreven bleek zelf een pleegzoon te zijn. Vanuit zijn eigen levensverhaal kon hij begrijpen hoe belangrijk de vraag 'wie houdt er van mij' voor het meisje zelf was. In het voor haar op maat gemaakte verhaal wilde hij per se niet dat zijn eigen pleegzoon-zijn ter sprake kwam, maar hij vond het prima dat er op de volgende manier op de vraag van het meisje antwoord kwam:

> Dora was weer een poosje stil en juffrouw Spin had weer geduld.
> 'Zou mijn nieuwe papa wel van mij houden, nu hij zelf een klein kindje heeft?', vroeg Dora aan juffrouw Spin.
> 'Je zou het hem ook zelf kunnen vragen', zei juffrouw Spin opnieuw, 'maar ik weet zeker van wel. Want als er iemand weet hoe belangrijk dat voor jou is, dan is hij het wel.'
> 'Maak je maar niet zoveel zorgen', zei juffrouw Spin. 'Ik heb wel eens vaker zo een storm meegemaakt. Als iedereen zijn best doet komt het allemaal goed met een nieuwe familie. Als je goed om je heen kijkt, zul je wel meer kinderen ontdekken die een nieuwe vader hebben gekregen.'

Tegelijkertijd echter kan een verhaal over 'vervelende ouders' een kind steunen dat in een extreem moeilijke of belastende opvoedingssituatie zit, bijvoorbeeld in de lijn dat zijn eigen negatieve ideeën over de ouders 'gewoon' zijn en dat meer kinderen wel eens nare of slechte dingen over hun ouders denken.

Een verhaal aan laten komen

Sfeer rond het voorlezen
Het voorlezen van een helpend verhaal vraagt een speciale aanpak. Vertel het kind dat je een 'mooi' verhaal voor hem gevonden hebt. Over de boodschap van het verhaal worden geen mededelingen gedaan, daarmee wordt afweer of een verzetreactie van het kind vermeden.
Het schept ontspanning wanneer de verteller het voorlezen start vanuit de

overtuiging dat het kind uiteindelijk zelf bepaalt wat het met het verhaal doet. Ook voorlezen vanuit de vooronderstelling dat een kind hulpbronnen voor verandering beschikbaar heeft helpt daarbij. Een ontspannen verteller maakt voor het kind het luisteren tot een genoeglijke gebeurtenis en dat zorgt er meestal voor dat de boodschap vanzelf overkomt.

Je kunt in de therapieruimte een speciale plek inrichten die gebruikt wordt voor het vertellen van verhalen. Dat kan een comfortabele zitplaats ('praatstoel') zijn of een zitzak, een hangmat, een schommel of een schommelstoel. Die plek wordt een soort anker voor het vertellen en luisteren. Een kind dat gewend is aan het vertellen van verhalen zal die plek ook zelf opzoeken als het behoefte heeft aan een verhaal. David deed dat steeds door op de zitzak of de schommel te gaan zitten.
Vaak is het oproepen van een speciale sfeer belangrijk. Dit kan bijvoorbeeld met kaarsjes, iets lekkers te eten, iets te drinken of nabijheid. Maar elk kind is verschillend en elk kind heeft behoefte aan een eigen sfeer. Sommige kinderen hebben juist afstand nodig. Ik lees ook wel eens een verhaal voor terwijl een kind voor zichzelf 'bezig' is.

Door een variatie aan verhalen aan te bieden met het betreffende probleem als thema wordt het perspectief van het probleem waar het kind tot dan toe mee zit, verruimd. Het kind krijgt de gelegenheid zijn probleem met iemand te delen, het leert op verschillende manieren naar zijn moeilijkheden te kijken én het krijgt verschillende oplossingen aangeboden.
Eén keer een verhaaltje voorlezen is bijna nooit genoeg. Het kind heeft steun en bevestiging nodig en dat ontvangt het door herhaling. Zo leert het kind geloven dat het ook anders kan of anders mag.
Vaak geeft het kind zelf belangrijke aanwijzingen welk verhaal en dus ook welke boodschap hem aanspreekt. Dit doet het bijvoorbeeld door een verhaal vaker te willen horen of door de aandacht er juist niet bij te kunnen houden. Die informatie is waardevol. Dat helpt je verder op weg bij de zoektocht naar meer verhalen of bij het maken van een verhaal op maat.

Bestaande verhalen zijn zoals elk stuk speelgoed in een spelkamer. Dit materiaal is een hulpmiddel om het therapieproces goed te laten verlopen. Over het algemeen wordt het niet mee naar huis gegeven.
Als het gaat om op maat gemaakte verhalen is dat anders. Het is prettig het verhaal éérst zelf met het kind te delen, al of niet in aanwezigheid van de ouders. Zo kunnen de reacties van het kind geobserveerd worden. Tegelijkertijd wordt op die manier een begin gemaakt met het delen van het verhaal over iets waarin het kind eerder vastgelopen is.
Ik geef daarom een op maat gemaakt verhaal bij voorkeur niet ongelezen mee om het zelfstandig door het kind te laten lezen.
Ook hier geldt dat elk kind anders is. Het ene kind heeft nodig dat je het verhaal aanbiedt in een besloten ruimte waarin geen enkele andere luisteraar aanwezig is. Voor het andere kind is juist belangrijk dat anderen aanwezig zijn.

Ik geef er doorgaans de voorkeur aan de verhulling van het verhaal intact te laten. Ik bespreek dus niet met een kind of het het verhaal begrepen heeft, of dat het weet waar het op slaat, of waarom het dit verhaal te horen heeft gekregen.
Soms maakt een kind zelf die terugkoppeling hardop. Ook dan kies ik er meestal voor in termen van het verhaal te blijven spreken. Daarnaast ga ik in op wat het kind over zichzelf ter sprake brengt en schenk ik aandacht aan oplossingen die het kind nu in de realiteit bedenkt.

Sommige kinderen hebben er behoefte aan dat het verhaal een vervolg krijgt. Dat kan op verschillende manieren, variërend van samen nog eens naar het verhaal kijken, het lezen, het naspelen of erover bouwen of knutselen.

Introductie bij anderen

Wanneer het verhaal in boekvorm klaar is en het kind en de ouders het zich hebben toegeëigend ontstaat vaak de behoefte om ook anderen er deelgenoot van te maken.
Geregeld wil het kind dat het verhaal ook ergens anders wordt voorgelezen; soms wil het dat de therapeut dat doet, soms wil het dat juist zelf doen. Ouders en andere beroepsopvoeders kunnen hierin een actieve rol spelen.

Het kan belangrijk zijn om dit voorlezen aan andere opvoeders zonder dat het kind aanwezig is voor te bereiden. Het gaat er dan vooral om die anderen het belang uit te leggen van het intact laten van de verhulling.
Andere kinderen, zoals vriendjes of klasgenoten, laten over het algemeen als vanzelf de verhulling intact. Zij zijn meestal nog niet zo behept met opvoedkundige neigingen. Tussen kinderen ontstaat soms wel een eerlijk, open en meelevend gesprek.
Soms wil het kind het verhaal juist helemaal niet ergens anders laten horen. Soms heeft een kind er helemaal geen behoefte aan om nog verder aandacht aan het verhaal te besteden.
Ook en soms juíst dan kan het verhaal zijn werk doen. Het kind heeft misschien gewoon tijd nodig om de informatie te verteren. Wees niet teleurgesteld als een kind het verhaal naast zich neerlegt. Respecteer dit en vertrouw erop dat de verhulde boodschap te zijner tijd zijn eigen weg weet te vinden.

Kiezen tussen bestaande verhalen en verhalen op maat

Bestaande verhalen
Vaak kan heel goed begonnen worden met het voorlezen van bestaande verhalen. Er zijn veel themagerichte kinderboeken te vinden. Gespecialiseerde kinderboekwinkels of de bibliotheek kunnen adviezen, tips en suggesties geven. Natuurlijk zijn die ook een bron voor verhalen en boeken zelf. Tegelijkertijd kan het handig zijn een themagerichte verzameling boeken en verhalen direct voorhanden te hebben (zie de thematische kinderboeken- en verhalenlijst in de bijlage).
Ook door zelf verhalen uit te kiezen kan een kind zich uiten. Het kind geeft daarmee informatie die de hulpverlener helpt verder richting te geven aan het therapieproces. Bovendien heeft het kind daarmee de gelegenheid een verhaal als 'oversprong-metafoor' te gebruiken wanneer een dialoog in de realiteit vastloopt.
Aan David las ik bijvoorbeeld een hele reeks kinderboekjes voor over niet kunnen slapen. Maar David koos zelf ook sprookjes en verhalen om mij iets over zijn belevingen duidelijk te maken.

Sprookjes bieden vaak verschillende invalshoeken, die niet altijd zo in de verte of de diepte gezocht hoeven worden als gebruikelijk is in boeken die de symboliek van sprookjes verklaren. De letterlijke betekenis van gebeurtenissen of beelden in sprookjes volgen levert vaak een goed spoor op.
Bijvoorbeeld: de jonge dieren in 'De zeven kleine geitjes' zijn ongehoorzaam naar hun moeder. Dit sprookje kan gebruikt worden als een defensieve metafoor om een kind dat vaak ongehoorzaam is tegenover een opvoeder elegant op mogelijke gevolgen te wijzen. Het is tevens gemakkelijk aan te passen met een tegenverhaal dat beter afloopt. Het is echter niet geschikt als metafoor om feedback te geven over ruzies tussen kinderen onder elkaar.

Verhalen op maat

Over sommige thema's zijn weinig of geen kinderboeken of verhalen te vinden. Soms zijn die boeken of verhalen er wel, maar past de boodschap niet bij het kind waarvoor een verhaal gezocht wordt. Dat betekent dat een verhaal op maat nodig is.
Dit geldt vaak voor ernstige, langdurige problemen en meestal ook voor taboes en geheimen. Of voor ingewikkelde zaken waarover het kind veel informatie te horen krijgt die nieuw voor hem is of die het moet verwerken en onthouden.
Het kan voorkomen, bijvoorbeeld als iedereen in een hulpverleningssituatie veel heeft geïnvesteerd maar er desondanks amper vooruitgang wordt geboekt, dat ouders en kind moedelozer worden en nog minder in zichzelf gaan geloven dan voorheen. Hetzelfde kan gebeuren met leden van een behandelteam. Ook dan kan een verhaal op maat, zelfs als de situatie schijnbaar uitzichtloos lijkt, iedereen nieuwe hoop en moed geven of helpen vol te houden.

Een verhaal op maat maken

Informatie verzamelen

Voor je kunt gaan schrijven heb je zo veel mogelijk informatie nodig. Ouders zijn daarvoor een belangrijke bron. Niemand anders kan je zoveel en zo duidelijk vertellen over de moeilijkheden en de kwaliteiten van het kind. In die zin zijn ouders het meest deskundig, afgezien van het kind zelf trouwens. Er is op verschillende terreinen informatie nodig.

Het probleem

Een uitvoerige beschrijving van de probleemsituaties. Een opsomming van situaties waarin het probleem juist niet voorkomt. Duidelijkheid over wat er al gedaan is om het op te lossen en de resultaten daarvan.

Het kind

Wat het kind zelf van de problemen vindt en wat het hierover zegt. Gezinssituatie, levensgeschiedenis. Sterke kwaliteiten, ontroerende kanten. Lievelingsdieren, lievelingsactiviteiten, lievelingsverhaal, lievelingskleur en lievelingsplek. Favoriet tv-programma, computerspel, hobby, vriendjes en vriendinnetjes, belangrijke andere personen. Liefste wens, typerende uitspraken. Een liefste wens geeft vaak belangrijke informatie over belemmerende overtuigingen die het kind gelooft. De jongen met de dubbele schisis uit het verhaal 'Norbert Neushoorn' vertelt dat hij het allerliefst wil dat zijn hazenlip 'over' is. Daarmee laat hij weten dat hij gelooft dat hij met deze handicap nooit gelukkig kan zijn. Ook typerende uitspraken kunnen je op een dergelijk spoor zetten.

Het gezin

Waar maken de ouders zich zorgen over? Hoe haakt het huidige probleem aan bij de levensgeschiedenis van de ouders? Wat willen zij enerzijds graag voor hun kind en wat willen zij anderzijds graag ván hun kind? Wat vinden ze bijzonder of speciaal aan hun kind?

Inbreng van het kind

Of je een verhaal helemaal klaar presenteert of juist het kind vraagt een bijdrage te leveren en mee te werken hangt van verschillende zaken af.

Meedenken met het verhaal

Als de oplossing of de 'juiste' afloop van het verhaal niet zo voor de hand ligt en

bijvoorbeeld erg tegengesteld is aan bestaande en vastgeroeste patronen in het kind of in het gezin dan is het belangrijk hierbij zelf de regie in handen te houden. 'Het verhaal van Clara Konijn' is hiervan een duidelijk voorbeeld.
De aard van de problemen, de leeftijd en de toegankelijkheid van het kind maken het al dan niet mogelijk dat het kind zelf een actieve bijdrage levert aan het verhaal.
Hoe opener, en vaak ook hoe ouder, het kind is, hoe meer het mee kan denken en een inbreng kan hebben in de verhaallijn en mee kan doen in het bedenken van oplossingen en de afloop van het verhaal. Het verhaal 'Norbert Neushoorn' laat dit zien.
Hoe ontoegankelijker het kind is, hoe belangrijker het is af te stemmen met de ouders en andere voor het kind belangrijke personen. Dit is bijvoorbeeld het geval bij de jongen voor wie 'De kleine zendpiraat' werd geschreven.

Meedoen met het verhaal

Sommige kinderen kunnen een bijdrage leveren door te tekenen tijdens het voorlezen of na afloop van het verhaal. Een andere optie is het kind te vragen alvast de volgende illustratie te maken vóórdat de tekst verder gemaakt wordt. Dit kan ook andersom. Ten slotte kan het verhaal, of gedeelten eruit, met het kind nagespeeld worden.

Contouren van het verhaal

Een goed verhaal bestaat grofweg uit vier delen.
Eerste deel: de levensgeschiedenis van het kind, verpakt in een metafoor, zet de toon en de sfeer van het verhaal.
Tweede deel: beschrijving van de problematiek en de gevoelens die spelen.
Derde deel: beschrijving van een schijnoplossing die laat zien hoe dit in het verhaal niet werkzaam blijkt.
Vierde deel: beschrijving van een andere kijk, een beter passende overtuiging, die de werkzaamheid laat zien, omdat het nieuwe gedrag passender is en gunstiger uitwerkt.

Aantrekkelijkheid van het verhaal

Het verhaal moet voor het kind prettig zijn om te ontvangen en leuk om aan te horen. Het verhaal moet kunnen ontroeren en kunnen raken. Belangrijk is dat de boodschap overkomt zonder dat het somber of te serieus is.

De boodschap van het verhaal mag niet te 'opvoedkundig' of voor-de-handliggend gebracht zijn. Het is belangrijker dat het kind ervaart dat het liefdevol gehoord wordt, met al zijn onhebbelijkheden, pijn of verdriet, dan dat het kind 'het juiste' of 'het gewenste' gedrag krijgt voorgeschreven. Dit gaat soms moeilijk samen.

Je kunt vooraf bij het kind zelf niet altijd checken hoe het zal reageren op het verhaal. Je bent hierin dus zelf een belangrijke maat. Anderen, die het kind goed kennen, kunnen daarover mogelijk informatie verschaffen. Vraag de mening van ouders of collega's over het concept en let daarbij op hun reacties tijdens en direct na het lezen. Voor mij zijn daarbij (glim)lachjes, kuchjes, kort tussencommentaar, zuchten, blozen of tranen veelzeggend.

Gemakkelijke identificatie

Het verhaal moet bij het kind passen. Het kind moet zich aangesproken voelen zonder dat het zich direct herkent. Figuren en een omgeving die het kind aanspreken helpen daarbij. Alle informatie die je over het kind hebt is nodig om het kind, het gezin en de problemen te begrijpen. Tegelijkertijd kun je dit gebruiken om met details het verhaal aantrekkelijk te maken.

In 'Leopold en Leonard' is het verhaal gelardeerd met de grote belangstelling die beide jongens voor de natuur hebben. Verder is er gebruik gemaakt van het gegeven dat het hier om een zogenaamde 'gespiegelde eeneiige tweeling' ging (de een linkshandig, de ander rechtshandig). Zulke informatie als een rode draad door de tekst geweven maakt het verhaal levendiger. Bovendien brengt dit de schrijver op allerlei associaties die het verloop van het verhaal steunen, bijvoorbeeld: de gespiegelde tweeling vindt zijn eigen spiegel.

Lievelingsdieren of lievelingsactiviteiten van het kind zijn goed in een metafoor te gebruiken. Maar het is belangrijk dat dit er ook weer niet té dik bovenop ligt, want dan is er onvoldoende verhulling en afstand.

Bij zeer beladen of traumatische zaken is het mijns inziens beter de held of hoofdpersoon door iets neutraals te laten vertegenwoordigen en het lievelings-

dier van het kind niet te 'besmetten' met de problemen. Het is veiliger in dat geval de held net zo'n knuffel te geven als het kind heeft.
In de beschreven casus van David gebruik ik zijn knuffels wel, omdat deze toevallig in dezelfde situatie terecht zijn gekomen als hij. Doordat ze volgens David zélf ontheemd zijn kan ik via hen juist Davids ideeën en gedachten daarover onderzoeken.
Voor gemakkelijke identificatie met de hoofdpersoon is het verder belangrijk dat de beschreven situatie voor het kind, binnen de verhulling, wel herkenbaar is. Dit wordt onder andere bereikt door de hoofdpersoon van hetzelfde geslacht en ongeveer dezelfde leeftijd te laten zijn als in de reële gezinssituatie van het kind. En door de gezinssituatie min of meer op die van het kind zelf te laten lijken.
In 'De geschiedenis van Dora Das' draait het verhaal om de samenstelling van de gezinnen. Hier komen leeftijd en geslacht dus nauwkeurig overeen. Maar soms maak ik de gezinssituatie juist niet helemaal gelijk. Bijvoorbeeld in 'Leopold en Leonard', waar het gaat over de verhouding tussen tweelingbroers, blijven de andere kinderen in het gezin onvermeld omdat het te veel ruis in het verhaal zou brengen.
Kleine en meer subtiele signalen kunnen helpen omdat het onbewuste ze kan registreren zonder bewustwording. Het gaat hierbij bijvoorbeeld om iets in de naam van de verhaalfiguren. Zo verwijzen de namen van de indianen in het verhaal 'Donsveertje' naar karakter, beroep en lichamelijke kenmerken van belangrijke personen in de omgeving van het meisje.
Door ook de naam van de hoofdpersoon zo te kiezen dat deze, visueel en/of auditief, associaties op zal roepen met de werkelijke naam van het betrokken kind, wordt identificatie verder versterkt.
Dit wordt bereikt door een overeenstemmend aantal lettergrepen en een gelijkenis op het globale visuele woordbeeld.
Soms vindt een dergelijke naam een eigen weg. Het wordt een metafoor op zich, zoals van Jason naar Ja-zoon in 'De kleine zendpiraat'.

Betoverende of magische sfeer

Hoe meer het verhaal op een 'echt' sprookje lijkt, hoe gemakkelijker het wordt aangenomen. Elementen die kenmerkend zijn voor sprookjes zoals magie, magische getallen en wonderfiguren helpen daarbij, net als herhalingen van

thema's en van zinnen. Zinnen die zingen, deels door herhaling en voorspelbaarheid en deels door rijmpjes, dragen hieraan veel bij.
Dit geldt ook voor woorden die het kind niet kent. Door een onbekend woord een paar keer terug te laten komen is er kans dat het kind zich daar een eigen beeld bij gaat vormen. Een voorbeeld is het woord 'acaciaboom' dat gebruikt wordt in 'Norbert Neushoorn', maar ook het woord 'stoorzender' dat gebruikt wordt in 'De kleine zendpiraat'.
Grapjes en woordspelingen maken een verhaal luchtig en helpen om te kunnen lachen. Lachen vergemakkelijkt het ontvangen van correctieve opmerkingen. De woorden krokodillig en krokodilst in 'Het ongelooflijke verhaal van de krokodil die dacht dat hij niet lief kon zijn' hebben een veel minder negatieve klank dan de woorden boos, agressief, klierig of etterig. Op een bepaalde manier spreken de woorden krokodillig en krokodilst zelfs waardering uit. Door het woordgrapje wordt er minder afweer opgeroepen en blijft het kind meer open staan voor correcties.

Tekst

Het is over het algemeen belangrijk dat het verhaal bondig is, zeker wanneer het de bedoeling is dat het kind de informatie uit de metafoor in één keer opneemt. Grotere verhalen en hele boeken zijn geschikter om gedurende langere tijd een bepaalde sfeer of communicatie over een thema vast te houden.
Een tekst verdeeld over achttien geïllustreerde pagina's maakt een andere impressie en leest gemakkelijker dan dezelfde tekst kaal op twee A4-tjes. Ook korte zinnen kunnen een boodschap dragen. Korte zinnen komen meestal gemakkelijker binnen.
Op dit gebied is veel meer mogelijk dan je in eerste instantie denkt: ooit maakte ik een verhaal voor een ernstig slechthorend en anderstalig opgevoed kind. Het bestond aanvankelijk uit drie A4-tjes vol met coupletten van zes regels. Uiteindelijk bleef er één pagina over met negen keer twee zinnetjes. De inhoud bleef onaangetast en het verhaal was nog steeds leuk om te lezen.

Illustraties

Een plaatje zegt meer dan duizend woorden. Illustraties zijn belangrijk. Ze helpen om een 'zwaar' verhaal luchtiger te maken. Ze helpen het kind om de aandacht vast te houden.

Het is gemakkelijk als je zelf in staat bent het verhaal te illustreren. Maar niet kunnen tekenen hoeft geen enkele belemmering te vormen om een mooi geïllustreerd verhaal te krijgen.

Soms zijn er mensen in de omgeving van het kind die dat wel kunnen, zoals ouders of leerkrachten. Illustraties van hen maken de metafoor voor het kind vaak nog specialer.

Verder zijn tarotkaarten, Medicijnkaarten, Inner Child-kaarten, ansichtkaarten, gefotografeerde spelbeelden allemaal bruikbaar.

Soms vinden kinderen het leuk zelf tekeningen bij een verhaal te maken. Dit kan hun betrokkenheid bij het verhaal enorm verhogen. Tekenen is voor kinderen vaak een zeer geschikte manier om zich te uiten. Je kunt ook met het kind van het hele verhaal maquettes nabouwen met klei en hout, of grote schilderijen maken. Dit kun je vervolgens weer fotograferen en als illustratie gebruiken.

De beelden vinden

Er zijn verschillende manieren om geschikte beelden te vinden voor een verhaal op maat.

Uit de ingewonnen informatie

De volgende elementen uit de informatie die je hebt ingewonnen leveren aanknopingspunten op voor het vinden van geschikte beelden: een lievelingsdier, -sprookje of -verhaal; een favoriete activiteit, leukste tv-programma of computerspel; een spelbeeld of een tekening.

Ga na welke informatie een dergelijk beeld geeft. Bijvoorbeeld: welke verhalen er al over bestaan en wat je daarvan kunt gebruiken. Hoe dat beeld iets zegt over de problemen die spelen. Hoe dat beeld jou helpt bij het in woorden gieten van de problemen. Welke hulpbronnen er bij je naar boven komen als je aan dat beeld denkt. Welke valkuilen als vanzelfsprekend bij dat beeld horen.

Welke zinnen, spreekwoorden, gezegden en uitspraken in algemene zin of van het kind of de ouders je dan te binnen schieten. Welke woordspelingen je kunt maken. Welke zinnen er boven komen drijven.
Ga na welke centrale figuur in verschillende beelden terugkeert, wat verschillende figuren gemeenschappelijk hebben of wat de centrale factor hierbij is.

Uit een 'meditatie'
Iedereen heeft zo zijn eigen favoriete manier van 'mediteren'. Voor de één is dat zittend en verzonken in stilte bewust contact maken met de eigen binnenwereld. Voor de ander is dat juist bewegend en actief, meer onbewust in contact treden met het eigen onbewuste. Welke manier de voorkeur heeft is mijns inziens niet zo belangrijk. De vragen die aan het onbewuste gesteld worden en het vertrouwen dat er zinnige antwoorden komen zijn veel belangrijker.
De suggestie 'dit.............. (lees: het probleem van het kind of het gezin) lijkt op, doet mij denken aan, is als..........' helpt bij het vinden van een passend beeld.
De vraag 'hoe kan dit beeld helpen bij het vertellen van een verhaal?' helpt bij het vinden van oplossingen en boodschappen.

Door associaties en synoniemen
Als er een beeld gevonden is dat nog niet helemaal tevreden stemt, ga dan eens na welke associaties het oproept en welke synoniemen ervoor te bedenken zijn.
Op die manier heb ik bijvoorbeeld bij het schrijven van 'Maeglin' via het hof van Koning Arthur eerst de hofnar gevonden. Associatie daarop brengt het bijna synonieme woord minstreel. Dit beeld voldoet omdat het vanzelf doet denken aan minnen en strelen en verwijfdheid en dus aan (homo)seksualiteit.

Vingeroefeningen

Er zijn verschillende manieren om de vaardigheid van het schrijven van verhalen onder de knie te krijgen. Hier volgt een aantal oefeningen. Elke oefening dient een ander doel.

Herschrijf een tekst van kindonvriendelijk naar kindvriendelijk
Neem een handleiding, bijvoorbeeld van je mobiele telefoon. Herschrijf de tekst zó dat een kind het apparaat kan bedienen.
Neem een tekst die een opvoedkundige bedoeling heeft, bijvoorbeeld een kinderrondwandeling in een museum. Herschrijf de tekst zo dat je hem als verhaaltje kunt voorlezen.

Herschrijf een sprookje; pas de sfeer van een verhaal aan
Gebruik een andere hoofdfiguur en een andere omgeving, maar laat het thema intact.
Herschrijf Assepoester: nu met een jongen in de hoofdrol. Of Roodkapje: laat het verhaal zich afspelen in de grote stad.
Herschrijf Klein Duimpje of De Drie Broers: nu met een meisje of drie zusjes in de hoofdrol.

Herschrijf een bestaand therapeutisch verhaal
Ga uit van een kind dat je kent en waarvoor je een verhaal wilt schrijven. Kies een verhaal uit waarvan je denkt dat het het kind aan zal spreken.
Als het probleem en de boodschap voor dit kind passend zijn, schets dan andere figuren in een andere omgeving.
Als je alleen de boodschap aan wilt passen aan het probleem van dit kind, gebruik dan dezelfde figuren en houd de verhaallijn grotendeels intact.

Tot slot

Aarzel niet als je een prikkel voelt een metafoor te gebruiken, ga gewoon aan de gang en verbaas je zelf met wat er verschijnt. Gebruik zo nodig andermans metaforen, bestaande sprookjes of kinderverhalen en pas ze aan voor het kind dat het verhaal nodig heeft.
Durf jezelf te laten zien, in al je kwetsbaarheid, en moedig zo het kind aan dat ook te doen. Ontvang elk initiatief van het kind om zijn verhaal met jou te delen als groot en belangrijk. En geef het weer terug zo mooi en liefdevol als je kunt.

Verhalen maken is een plezierige bezigheid. Alleen al dit simpele feit zet mij aan tot het schrijven ervan.

Literatuur

Geraadpleegde literatuur

Buijs, O. (1999). *Spel werkt, het is geen fantasie: Toekomstdromen en andere verhalen.* Utrecht: HvU Press.

Civardi, A. (1988). *Naar het ziekenhuis.* Van Reemst.

Derks, L. & Hollander, J. (1996). *Essenties van NLP: sleutels tot persoonlijke verandering.* Utrecht: Servire.

Erickson, M.H. (1982). *Mijn stem gaat met je mee.* Amsterdam: Karnak.

Hellendoorn, J., Groothoff, E., Mostert, P., & Harinck, F. (1981). *Beeldcommunicatie.* Deventer: Van Loghum Slaterus.

Knijnenburg, N. (1997). *Spel werkt, leer spelen: Het maken van kleine metaforen met behulp van een spelbeeld.* Utrecht: HvU Press.

Lakoff, G. & Johnson, M. (1980). *Metaphors we live by.* Chicago: The University of Chicago Press.

Lawley, J. & Tompkins, P. (2000). *Metaphors in Mind.* Londen: The Developing Company Press.

Liekens, P. (2003). *Helende verhalen.* Deventer: Ankh-Hermes.

Meer, A. van der (2002). *Verbeeldingskracht als heelmeester, hoe verhalen kinderen genezen.* Amsterdam: Bres.

Mol, H. (1995). *NLsPel, spelenderwijs NLP-en met kinderen,* hoofdstuk 8, Metaforen. Eindhoven: SON Repro Service.

Olthof, J. & Vermetten, E. (1994). *De mens als verhaal.* Utrecht: De Tijdstroom.

Schmidt, A.M.G. (1983). *Een visje bij de thee.* Amsterdam: Querido.

Spangenberg, B. (1996). *De koning trok uit om de draak te doden, verhalen voor kinderen van gescheiden ouders.* Zeist: Indigo.
Spangenberg, B. (1999). *Ridder Tim verjaagt de spoken. Verhalen voor kinderen die het moeilijk hebben.* Zeist: Indigo.
Tellegen. T. (1995). *Misschien wisten zij alles.* Amsterdam: Querido.
Varley, S. (1984). *Derk Das blijft altijd bij ons.* Rotterdam: Lemniscaat.
Wachtel, E.F., (1994). *Treating troubled children and their families.* New York/ Londen: The Guilford Press.
Wallas, L. (1985). *Stories for the third ear.* New York/Londen: Norton.
Zeig, J.K. (1983). *Een week met Milton Erickson.* Deventer: Van Loghum Slaterus.

Overige literatuur

Axline, V. (1969). *Play therapy.* New York: Ballantine Books.
Bandler, R. & Grinder, J. (1975). *Structuur van de magie.* Amsterdam: Ambo.
Cluckers, G., Meykens, S., Monthaye, M., Smis, W., & Verschueren, R. (1986). *Steungevende kinderpsychotherapie.* Deventer: Van Loghum Slaterus.
Fraiberg, S.H. (1966). *De magische wereld van het kind.* Bussum: Unieboek.
Gilligan, S. (2002). *The Legacy of Milton H. Erickson,* Phoenix: Zeig, Tucker & Theisen Inc.
Grabau, E. (1994). *Bedenk jij maar wat, creatieve therapie in de praktijk.* Amsterdam: Ambo.
Hekken, S.M.J. van, & Melse, J. (1988). *Ernstig verwaarloosd.* Amsterdam: Swets & Zeitlinger.
Hellendoorn, J. (red.) (1985). *Therapie, kind en spel.* Deventer: Van Loghum Slaterus.
Knijnenburg, N. (1993). *Spel werkt: Werken met metaforen voor jonge kinderen.* Utrecht: Phaedon.
O'Connor, K.J. (1991). *The Playtherapy Primer.* New York: Wiley-Interscience.

Bijlage

Kinderboeken en verhalen, naar thema

Verlatingsangst

Henri Drent, *Het vogeltje dat te ver vloog*, Lemniscaat, ISBN 9056372092.

Tamara Danblon, *Waar is Basje Bollebeer?*, Lannoo, ISBN 9020916491.

Mindy Dwyer, *Aurora, the tale of the Northern Lights*, Alaska NorthWest Books, ISBN 0882404946.

Joke van Leeuwen, *IEP*, Querido, ISBN 9021432897.

Selma Noort, *Raven, de jongen van het eiland*, Leopold, ISBN 9025841430.

Martin Waddell & Barbara Firth, *Grote Beer en Kleine Beer*, Lemniscaat, ISBN 9060697944.

Echtscheiding

Martine Delfos, *Van alles twee*, Van Waarden, ISBN 9075564406.

Brigitte Spangenberg, *De koning trok uit om de draak te doden*, Indigo ISBN 9060384210.

Daniëlle Steggink, *Kumil de groene Kameleon*, SWP, ISBN 9066655003.

Seksueel misbruik

Klaas van Assen, *Een verhaal voor Hizzel*, Querido, ISBN 9021451085.

Martine Delfos, *Het is niet leuk*, Van Waarden, ISBN 9075564538.

Martine Delfos, *Blijf van me af!*, Van Waarden, ISBN 907556452X.

Martine Delfos, *Dat nare gevoel*, Van Waarden, ISBN 9075564260.

Katrin Meier, *Knuffel heeft zorgen*, De Vries-Brouwers, ISBN 9053413340.

Marieke Otten, *Laura's geheim*, Van Tricht, ISBN 9073460697.

Marie Wabbes, *Beertje Klein en Grote Wolf*, Bakermat, ISBN 905461191X.

Slaapproblemen

Paul Biegel, *Nachtverhaal*, Uitgeversmaatschappij Holland, ISBN 9025106706.

Wolf Erlbruch, *'s Nachts*, CPNB, ISBN 9074336507.

Nannie Kuiper, *Mijn beer heeft altijd wat*, Leopold, ISBN 9025838928.

Tony Ross, *Towser neemt de zon mee*, CPNB, ISBN 9074336132. Wolf

Martin Waddell & Barbara Firth, *Grote Beer en Kleine Beer*, Lemniscaat, ISBN 9060697944.

Jeanne Willis, *Ook draken moeten slapen*, Lemniscaat, ISBN 9060696441.

Rouw

Martine Delfos, *Dood is niet gewoon*, Van Waarden, ISBN 9075564619.

Hans Stolp, *De gouden vogel*, Lemniscaat, ISBN 9060696573.

Susan Varley, *Derk Das blijft altijd bij ons*, Lemniscaat, ISBN 9060695526.

Max Velthuis, *Kikker en het vogeltje*, Leopold, ISBN 9025847544.

Judith Viorts, *Dat is heel wat voor een kat*, Gottmer, ISBN 9025731155.

Conny Boendermaker, *Het verhaal van Anna*, Van Tricht, ISBN 9073460867.

Winfried Wolf, *Kleine Maan*, De Vier Windstreken, ISBN 9055794686.

Anders zijn

Het lelijke jonge eendje (sprookje)

Martine Delfos, *Merel is bang*, Van Waarden, ISBN 9077455051.

Martine Delfos, *Vogel*, Van Waarden, ISBN 907556404.

Martine Delfos, *De wereld van Luuk* (autisme), Van Waarden, ISBN 9077455043.

Martine Delfos, *Ze vinden me druk*, Van Waarden, ISBN 9075564511.

Russell Hoban, *Monsters*, Queriodo, ISBN 9021452588.

Valérie Larrondo, *Toen mama nog een braaf meisje was*, Van Waarden, ISBN 9077455027.

Joke van Leeuwen, *IEP*, Querido, ISBN 9021432897.

Gode-Livia Uleners, *Jos de muis kan niet goed leren en.... wat zou dat*, Bakermat, ISBN 9054610557.

Jos de Valk, *Platneus* (schisis), De Bonte Bever, ISBN 9064813140.

Marleen Vanvuchelen, *Stijn is anders* (autisme), Lannoo, ISBN 9020948342.

Ouders met problemen

Martine Delfos, *Patja, de gevlekte panda* (adoptie), Van Waarden, ISBN 9075564279.

Martine Delfos, *Pip* (ouders met psychiatrische problemen), Van Waarden, ISBN 9075564244.

Martine Delfos, *Oline, het olifantje* (verslaving), Van Waarden, ISBN 9075564058.

Martine Delfos, *Sanne* (mishandeling), Van Waarden, ISBN 9075564066.

Hans Dorrestijn, *Brandnetels en andere verhalen over kindermishandeling,* Vereniging tegen Kindermishandeling, ISBN 9070548089.

Anke de Vries, *Blauwe Plekken,* Lemniscaat, ISBN 9060698322.

Zoektocht/iets zwaars volbrengen/volhouden

Jakob Streit, *Tatatoeks reis naar de kristalberg,* Christofoor, ISBN 9062382711.

Paul Biegel, *Het sleutelkruid,* Uitgeversmaatschappij Holland, ISBN 9025100252.

Tonke Dragt, *De brief voor de koning,* Leopold, ISBN 9025832814.

Barry Lopez, *Crow and Weasel,* Random House, ISBN 0394221761.

Overig/algemeen

Alle sprookjesboeken.

Roald Dahl, *Roald Dahl's schatkamer,* Fontein, ISBN 9026113315.

Roald Dahl, *De GVR,* Fontein, ISBN 9026112750.

Roald Dahl, *Mathilda,* Fontein, ISBN 9026103115.

Roald Dahl, *De Griezels,* Fontein, ISBN 9026112440.

Michael Ende, *Het oneindige verhaal,* Sijthoff, ISBN 9021828235.

Hadley Irwin, *Hidden Doe,* Hans Elzinga bv, ISBN 9064201188.

Käthe Recheis, *Pijljongen en de geesthonden,* Christofoor, ISBN 9062387632.

Annie Makkink, *Helden op sokken,* Querido, ISBN 9021474131.

Antoine de Saint-Exupéry, *De Kleine Prins,* Ad. Donker, ISBN 9061004829.

Annie M.G. Schmidt, *Een visje bij de thee,* Querido, ISBN 9789021481418.

Toon Tellegen, *Misschien wisten zij alles,* Querido, ISBN 9789021484389.

Illustraties

Omslag:	Alied Zweep
De kleine zendpiraat:	Jos Kusters
Het verhaal van Clara Konijn:	Medicijnkaart
De geschiedenis van Dora Das:	Jos Kusters
Het ongelooflijke verhaal van de krokodil die dacht dat hij niet lief kon zijn:	Paco Kamil (destijds 10 jaar)
Maeglin:	tarotkaart
Donsveertje:	Reinalda Kerseboom
Leopold en Leonard:	tarotkaart
Norbert Neushoorn:	de jongen voor wie het verhaal werd geschreven

Over de auteur

Reinalda Kerseboom (1957) is speltherapeut. Ze werkt in een centrum voor kinderen met communicatieve stoornissen en heeft een eigen praktijk.
Website: www.despeltherapeut.nl
E-mail: info@despeltherapeut.nl

Vanaf 1976 heeft Reinalda met kinderen met ontwikkelingsstoornissen of met psychiatrische problemen en met ernstig en chronisch zieke of lichamelijk gehandicapte kinderen gewerkt. Momenteel werkt ze met kinderen met communicatieve problemen en met kinderen die traumatische ervaringen hebben opgedaan.
Ze volgde de post-HBO-opleiding tot speltherapeut van het Centrum voor Spelmethodiek op de Hogeschool in Utrecht en nam deel aan verschillende trainingen en workshops over het gebruik en het maken van verhalen in kindertherapie. Ze is gecertificeerd NLP-Master, opgeleid bij het IEP in Nijmegen.
Reinalda Kerseboom schrijft columns over haar werk in een vakmagazine. Verder schrijft ze ook reisverhalen. Een kinderboekje van haar hand over CAPD, een vorm van niervervangende behandeling, is in het Engels en Duits vertaald.

Dankwoord

De beschrijvingen van kinderen en gezinnen in dit boek zijn uiteraard geanonimiseerd. Desondanks heb ik mij verplicht gevoeld de ouders in te lichten over het opnemen van het verhaal dat ooit voor hun kind op maat werd geschreven. Ik ben onder de indruk van hun moed akkoord te gaan met publicatie van het specifieke verhaal, ondanks het feit dat dit hen of hun kind voor sommige mensen mogelijk wel herkenbaar maakt.

De verhalen die in dit boek zijn opgenomen zouden, ieder op zijn beurt, niet geboren zijn zonder inspiratie van anderen: de kinderen zelf, hun ouders, collega's, vakgenoten die met verhalen werken. Ik beschouw het als een voorrecht verhalen met hen te mogen delen. Dit brengt niet alleen hen, maar ook mijzelf precies dat wat nodig is om verder te kunnen.

Dit boek kon in deze vorm tot stand komen door de liefdevolle steun van anderen.
De leden van mijn NLP-oefengroep Alied, Gemma, Jos, Lidwine en Lucy dompelden me voor de start van dit schrijversavontuur onder in een zogenaamde NLP-capsule. Zonder dat was ik nooit écht begonnen.
Marcel van Aken, Roely Bol en Jeroen Kamil beschouw ik als goede vrienden. Ze waren lezers van het eerste uur en voorzagen me van welkom commentaar, ieder vanuit zijn eigen deskundigheid, maar vooral vanuit hun ervaringen als ouders.
Des en Pat Lavelle adviseerden mij bij het zoeken naar een geschikte uitgever.
Lucas Derks, Marian Kremers, Anneke Meijer en Henriette Mol lazen het boek in wording vanuit hun vakdeskundigheid en gaven me waardevolle feedback. Marian en Henriette gaven mij hun vertrouwen en versterkten daardoor dat

van mij. Lucas gaf me een metafoor voor het schrijven van een boek: 'Het is als boetseren. Je bekijkt het werkstuk, je keurt het, je geeft er een flinke schop tegen en je maakt met dezelfde klei iets nieuws'. Zo leerde ik opnieuw beginnen vanuit het idee dat alle elementen en bedoelingen er al waren, maar alleen anders gevormd moesten worden. Anneke leerde me de laatste loodjes te leggen. Ze leerde me deze te zien als de ultieme verfijningen en er daardoor ook van te genieten. En ze leerde me een punt te zetten.
Anneke van der Meer gaf me de nodige steun toen ik het op wilde geven.
De mensen die de illustraties verzorgden dank ik oprecht. Paco Kamil tekende op tienjarige leeftijd achttien geweldige tekeningen voor het verhaal van een krokodil. Indirect werden deze de aanleiding voor het schrijven van dit boek.
Alied Zweep is een vriendin en zij schenkt mij veel inspiratie in het werk en in de kunst van het leven. Zij creëerde de illustratie op het omslag.
Bert Tigchelaar is mij dierbaar als vriend en als belangrijke externe hulpbron. Hij bleef mij tijdens het hele proces van schrijven onvoorwaardelijk toegewijd en hij is verantwoordelijk voor vele, soms minutieuze, correcties.
Frederik Schönau hielp me als vriend en deskundig uitgever op een geweldige en respectvolle manier een hoge drempel te nemen.
Gidia Jacobs gaf haar aandacht en deskundige advies. Zo hielp zij mij het boek de definitieve vorm te geven die het nodig had.
En ten slotte Gerrit van Scherrenburg, mijn partner en maatje. Hij inspireert en stimuleert mij op velerlei gebied. Ik ben dankbaar voor zijn geduld tijdens de perioden dat ik me vooral met schrijven bezighield. Voor zijn vertrouwen dat het mij zou gaan lukken. Voor zijn niet aflatende, soms genadeloze maar altijd toepasselijke, feedback. Voor zijn humor. Maar bovenal voor zijn liefde. Door dit alles heb ik mijn verhaal kunnen doen.

Reinalda Kerseboom